U0071082

# 警長的壓箱寶

## 從現代警界執法看《孫子兵法》

鄒濬智・編著；謝宜峯・審訂

# 楔子

孫子武者，齊人也。以兵法見於吳王闔廬。闔廬曰：「子之十三篇，吾盡觀之矣，可以小試勒兵乎？」對曰：「可。」闔廬曰：「可試以婦人乎？」曰：「可。」於是許之，出宮中美女，得百八十人。

孫子分為二隊，以王之寵姬二人各為隊長，皆令持戟。令之曰：「汝知而心與左右手背乎？」婦人曰：「知之。」孫子曰：「前，則視心；左，視左手；右，視右手；後，即視背。」婦人曰：「諾。」約束既布，乃設鐵鉞，即三令五申之。

於是鼓之右，婦人大笑。孫子曰：「約束不明，申令不熟，將之罪也。」復三令五申而鼓之左，婦人復大笑。孫子曰：「約束不明，申令不熟，將之罪也；既已明而不如法者，吏士之罪也。」乃欲斬左右隊長。

吳王從臺上觀，見且斬愛姬，大駭。趣使使下令曰：「寡人已知將軍能用兵矣。寡人非此二姬，食不甘味，願勿斬也。」孫子曰：「臣既已受命為將，將在軍，君命有所不受。」遂斬隊長二人以徇。用其次為隊長，於是復鼓之。婦人左右前後跪起皆中規矩繩墨，無敢出聲。於是孫子使使報王曰：「兵既整齊，王可試下觀之，唯王所欲用之，雖赴水火猶可也。」

吳王曰：「將軍罷休就舍，寡人不願下觀。」孫子曰：「王徒好其言，不能用其實。」於是闔盧知孫子能用兵，卒以為將。西破彊楚，入郢，北威齊晉，顯名諸侯，孫子與有力焉。（《史記・孫子吳起列傳》節錄）

# 寫在前面的話

兵學乃「用兵取勝」之學問，亦為以智取勝之藝術。有智者將爭戰之得失記述傳承，即為「兵法」起源。其大概變化為人與獸爭期，殷商萌芽期，到春秋戰國全盛期；此一期兵學思維約有儒、道、墨、法，各家主張不同。其後至秦、漢、唐、宋、明、清拓展期。中國現存古兵法要以《孫子兵法》最具特色，最受重視。世界超強美、英、法、俄、日、德等國均譯有讀本，列為軍事家必讀兵書。孫子被稱為「東方兵聖」而與「西方兵聖」克羅・塞維茨《戰爭論》交相輝映。[1]

《孫子兵法》共十三篇，六千餘字，使用的文字十分簡單，卻讓讀者回味無窮。《孫子兵法》全書內容依序為：〈始計〉、〈作戰〉、〈謀攻〉、〈軍形〉、〈兵勢〉、〈虛實〉、〈軍事〉、〈九變〉、〈行軍〉、〈地形〉、〈九地〉、〈火攻〉、〈用間〉，以「知彼知己、百戰不殆」和「先勝而後求戰」的全勝思想為全書基本主

1 羅海賢〈孫子兵法特質及其和平戰略研析〉，《海軍學術雙月刊》四十五卷五期，二〇一一年一月，頁四。

軸，對孫子及其以前時代的戰爭經驗做了全面總結；說明戰爭的規律及戰爭與政治、外交、經濟、自然條件等各方面的複雜關係。

不像其他的兵書著重實戰說明，《孫子兵法》言理不言事，將戰爭中的計與戰、力與智、利與害、全與破、迂與直、敗與勝等相互牽制又連結的關係，進行深層分析[2]，對今日軍警管理階層遂行領導統御與實踐任務目標而言，極有參考價值。[3]

鑑於以往軍警《孫子》兵學介紹著作或教材採逐篇講授方式，對理解整體《孫子》兵學體系的幫助有限，本書擬先將古籍中的罕見字替換成常用字，再有秩序地就《孫子兵法》戰爭哲學中的戰略、戰術觀念擇要講解，並輔以現代警察執法實例，以利於讀者迅速掌握其兵學精粹，進而能在生活各個方面中加以應用。

戰略，指的是為了實現某種目標而制定的高層級、大規模、全方位的長期行動計畫。[4]然而本書所提到的《孫子兵法》戰略觀念，指的是進行某種對抗之前，孫子所要

2 另可參謝臺喜〈對《孫子》基本理念之探討〉，《陸軍月刊》四十一卷四七六期，二〇〇五年四月，頁四—一三。

3 另可參陳連禎〈談組織領導承上啟下關係——從《孫子兵法》以觀〉，《公務人員月刊》八十四期，二〇〇三年六月，頁三三—三七。

4 中國歷史上著名的戰略，如先秦張儀提出的遠交近攻，東漢末年諸葛孔明提出的三分天下、聯吳抗曹等都是；現

求的必須完成的工作，它遠比短兵相接的戰術還要重要，所必須思索考慮的層級還要高，是戰鬥之前最重要的前置工作，但又不若直接面敵那樣具體，故本書以「《孫子兵法》戰略觀念」稱之；而《孫子兵法》中較為具體的、屬於戰鬥細節工作的，本書以「《孫子兵法》戰術觀念」稱之。因而本書主體部分分為二部，第壹部為「《孫子兵法》戰略觀念及在治安工作中的應用」，第貳部分為「《孫子兵法》戰術觀念及在治安工作中的應用」其下各單元另分為三部分，一為摘選與標題觀念有關之《孫子兵法》原文並進行說解。二為舉古代戰爭實例佐證，並略為說明之。三則舉現代警察執法實例佐證。全書最後的「餘論」，則用來說明《孫子兵法》思想特徵及其對世界的影響。

本書所舉治安事件皆為真實發生於臺灣本地之案件，惟為隱去個資，或為保留一部分應該隱去的辦案技巧，人、事、時、地、物容有虛構及更動；另為使讀者身歷其境，治安事件一律使用第一人稱述敘，並委請時任新北市北大派出所所長的學棣謝宜峯進行檢查，同時商請警大刑事系詹明華、警專科技偵查科曾春僑兩位老師提供建議，確保合

代戰爭中著名的戰略，如美國對付共產國家的圍堵政策，二次大戰美國對抗日本的跳島戰略即是。

乎警政實務做法，本書連當頁附註說明，合計五萬餘字。寫作過程所參考之資料，筆者不敢掠美，俱清楚標明於各頁當頁註中，以此向諸兵法專家先進致敬！

# 目次

# 壹・《孫子兵法》戰略觀念及在治安工作中的應用

# 一　完善計畫：將軍之事

## 【原文摘錄及解析】

**將聽吾計，用之必勝，留之；將不聽吾計，用之必敗，去之。**（〈始計〉）

鄒按：將軍必需要求組織內的基層幹部完全聽命行事。

**卒未親附而罰之，則不服，不服則難用也。卒已親附而罰不行，則不可用也。故令之以文，齊之以武，是謂必取。令素行以教其民，則民服；令不素行以教其民，則民不服。令素信著者，與眾相得也。**（〈行軍〉）

鄒按：將軍必須恩威並施，使士兵及群眾完全聽命行事。（以上二段說明指揮系統必須及時與有效）

**將軍之事，靜以幽，正以治，能愚士卒之耳目，使之無知；易其事，革其謀，使**

人無識；易其居，迂其途，使人不得慮。帥與之期[1]，如登高而去其梯；帥與之深入諸侯之地，而發其機。**若驅群羊，驅而往，驅而來，莫知所之。**聚三軍之眾，投之於險，此謂將軍之事也。（〈九地〉）

鄒按：將軍必須行事保密，一則使下屬勇於犯難，二則避免敵人刺探軍情。

**道者**，令民與上同意也，故可與之死，可與之生，而不畏危也；**天者**，陰陽、寒暑、時制也；**地者**，遠近、險易、廣狹、死生也；**將者**，智、信、仁、勇、嚴也；**法者**，曲制、官道、主用也。**凡此五者，將莫不聞，知之者勝，不知者不勝。**（〈始計〉）

鄒按：在每場對抗前，將軍必須分析士氣、自然條件、幹部能力、組織制度是否對我有利。

1 「期」，會；會合。《國語．周語中》：「火之初見，期於司里。」〔三國〕韋昭注：「期，會也。」《文選．馬融．長笛賦》：「薄湊會而凌節分，馳趣期而赴躓。」〔唐〕李善注：「期，會也。」本書所引經典訓詁，多出自香港商務印書館光碟版《漢語大詞典》，下不另注。

昔之善戰者，先為不可勝，以待敵之可勝。不可勝在己，可勝在敵。**故善戰者，能為不可勝，不能使敵必可勝。故曰：勝可知，而不可為。**（〈軍形〉）

鄒按：透過計算，每場對抗的結果在事前都是可以推知的。

**故知勝**有五：知可以戰與不可以戰者勝。識眾寡之用者勝。上下同欲者勝。以虞待不虞者勝[2]。將能而君不御者勝。此五者，知勝之道也。（〈謀攻〉）

鄒按：將軍能從對戰時機、能否靈活運用資訊、組織是否上下一心、組織是否以逸待勞、將軍自己是否獲得充分授權等五個方面判斷自己是否可以得勝。

是故朝氣銳，晝氣惰，暮氣歸。故善用兵者，避其銳氣，擊其惰歸，此**治氣**者也。以治待亂，以靜待譁，此**治心**者也。以近待遠，以佚待勞，以飽待飢，此**治**

2 「虞」，準備，防範。《孫子．謀攻》〔唐〕杜牧注：「有備預也。」《三輔黃圖．雜錄》：「舊典，行幸所至，必遣靜室令先按行清靜殿中，以虞非常。」〔唐〕白居易《草堂記》：「敞南甍，納陽日，虞祁寒也。」〔宋〕葉適《葉嶺書房記》：「募兵急備守，補樓船器甲之壞，以虞寇至。」

**力**者也。無邀正正之旗，勿擊堂堂之陳[3]，此**治變**者也。（〈軍爭〉）

鄒按：將軍必須具備判斷士氣、推測心理、調動武力、趁敵人不備加以攻擊的能力。

儘管智謀是決定戰爭勝敗的關鍵因素，但戰爭畢竟主要是軍事實力的對抗。簡而言之，戰爭取勝，有很大的比例是依靠領導者（將軍）強而有力的領導（指揮系統健全）和周詳的計畫。謀略決策是人做出的，所以孫子非常重視運用謀略的人。它認為「夫將者，國之輔也，輔周則國必強，輔隙則國必弱」（〈謀攻〉）。戰爭既由全憑力的較量發展為謀略制勝，相應地在軍事人才思想上也有些變化。西周時，要求將帥必備的條件是「勇」、「智」、「仁」、「信」、「忠」，將勇置於首位，春秋時的孫子兵法要求將帥具備「智」、「信」、「仁」、「勇」、「嚴」，將智置於首位。只有具備廣泛知

---

3 「陳」，同陣，軍伍行列，戰鬥隊形。《論語．衛靈公》：「衛靈公問陳於孔子。」〔宋〕朱熹集注：「陳謂軍師行伍之列。」《楚辭．九歌．國殤》：「凌余陣兮躐余行，左驂殪兮右刃傷。」《史記．廉頗藺相如列傳》：「秦人不意趙師至此，其來氣盛，將軍必厚集其陣以待之。」〔唐〕張巡〈守睢陽作〉詩：「裹瘡猶出陣，飲血更登陴。」《宋史．岳飛傳》：「左挾弓，右運矛，橫衝其陣，敗亂，大敗之。」

識的智者，才可能運用謀略取得勝利。[4]

優秀的領導者必須先根據雙方軍隊的軍事實力來決定具體的戰術：「故用兵之法，十則圍之，五則攻之，倍則分之，敵則能戰之，少則能逃之，不若則能避之。故小敵之堅，大敵之擒也。」（〈謀攻〉）所以孫子是反對以弱抗強的匹夫之勇的。

孫子認為領導者在擬定計畫（定謀）時，一是要緊緊抓住現代軍事戰鬥全局性的問題，視遠慮大，由因求情，使所定之謀能夠因敵而生、因己而生、因古而生、因天地萬物而生、因法而生。二是設計要萬全周密，且關照軍事的全過程，要有多方準備，多套計畫和方案，將戰爭勝敗、得失、順逆、優劣、強弱、進退、攻守等方面的情況考慮周全、細微，真正做到算無遺策、計無漏計。三是要廣納博採一切有利於戰鬥的建議，使所定之謀和所設之計更具針對性、合理性和可行性。

4 中共著名軍事學家劉伯承把孫子的這種思想運用於現代戰爭，指出現代戰爭決策者切忌輕率用兵，必須考慮「五忌」，即（一）國力不足，不可以興兵；（二）時機不利（國際形勢和周邊國家的動態對我不利），不可以興兵；（三）國內不安定，不可以興兵；（四）人民不擁護，不可以興兵；（五）戰略上處於兩種或多種作戰的走勢，不可以興兵。劉伯承的論述，說明孫子關於全面估量決定戰爭勝負的多方面因素的思想，對於當今世界的戰略家仍然有重要的啟發。

除了對雙方軍隊的實力進行衡量，領導者對交戰雙方的國力評量也該做。孫子認為優秀的領導者還要能從整體上衡量一個國家的軍事實力。如〈軍形〉篇說，判別一個國家的戰爭實力（包括潛力），應該掌握度（土地面積）、量（糧食生產）、數（軍隊數目）、稱（前三項所決定的雙方戰爭力量強弱）、勝（勝或敗的推算）五個環節。

〈始計〉篇中，孫子提出了著名的「五事」，即道、天、地、將、法五種決定戰爭勝負的因素）。首先是決策者必須使老百姓和他的意願一致，「令民與上同意」（「道」），其次是有利的氣象條件（「天」），其次是便於作戰的地形地貌和有利的地理位置（「地」），其次是有善於指揮作戰的將領（「將」），其次是有良好的軍事紀律及充分的後勤供應（「法」），假若這五方面都勝過對方，便可以興兵作戰，有取勝把握；假如其中一項或兩項不合乎要求，又沒有相應的補救辦法，便不應發兵，即使發兵也難以取勝。[5]

「五事」屬於國力建設層面，要發兵必先成「五事」；完成後，經過「知勝」判

5 另可參陳永堅〈《孫子兵法》後勤理論之研析〉，《海軍學術月刊》三十二卷十一期，一九九八年十一月，頁八八－九三。

斷（〈謀攻〉），若認為我不可以與敵戰或「不戰而屈人之兵」（〈謀攻〉）時，乃以實力（四大國力）為後盾，循大戰略「伐謀」、「伐交」或「役諸侯者以業」（〈九變〉），而達成國家目標；如經知勝判斷，認為我可以與敵戰或因「非危不戰」（〈火攻〉）而有非戰不可之狀況時，則循軍事戰略以「勝兵先勝」「取用於國」等準備戰爭；以「度」、「量」、「數」、「稱」、「勝」計畫戰爭，以「速戰速決」指導戰爭；以至運用野戰戰技、用兵戰略、形兵造勢，贏得戰爭，達成國家目標，這些都是將軍之事。

**【古代戰爭實例】**

吳王闔廬起用孫武之後，在伍子胥的建議下，一直想要挑戰楚國。面對強國之楚，孫武認為硬碰硬不行，得要不戰而勝。孫武認為楚國本來就強大，加上他的軍事聯盟唐、蔡兩國，更難對付。所以戰前工作有二，一是要使楚國對吳國沒有戒心，再來就是要想辦法拉攏唐、蔡二國。

第一個工作怎麼進行的呢？有天楚王做了惡夢驚醒，起來卻看到鏡臺上擺了一把寶劍。楚王大驚失色，這表示半夜裡有人偷偷摸了進來呀！於是他請右令尹囊瓦召來著名的寶劍鑑定家風胡入宮，請他鑑定。風胡一看，原來這把是吳王所珍藏的湛盧劍。

風胡認為此劍凝聚五金英華、太陽精神、天地靈氣所鑄成，具靈性。只怕是原來擁有它的吳王失了道義，所以它才會憤而離去，飛來楚國。聽完風胡的分析，楚王放心了一大半，並且暗自嘲笑著吳王的失德，便再也沒把吳王放在心上。誰知道這根本是孫武安排來讓楚王心高氣傲、輕視吳國的計謀。（以上用意在鬆懈對方）

接著孫武派間諜前去楚國，獲知了一個重要的情報——原來右令尹囊瓦常常貪圖唐、蔡兩國進貢給楚王的寶物，由其中取走他想要的，再叫唐、蔡兩國國君補上，為此，兩國國君十分不滿。孫武得知後馬上以吳王的名義，將兩國損失的寶物補還給蔡侯跟唐侯，兩國國君頓時心理上支持吳國更甚於楚國；孫武也就因此順利收買了二國。（以上用意在分化對方）

吳王認為孫武種種安排妥當後，差不多可以出兵攻打楚國了。沒想到孫武指出南方越國很可能在吳國出兵、國內空虛時前來偷襲。於是故意打草驚蛇，派使者前往越國借用軍隊糧草。越國丞相范蠡知道此事後向越王分析吳國借兵借糧是假，其實是要看看越國會不會趁機偷襲；兵當然不能借，軍糧的話，意思意思就好。吳國看越國借糧，心態上便會鬆懈，到時候我們再出兵偷襲取利便得。

當然聰明的孫武看了越王回信，早就識破越國詭計，故意在兩國邊境上埋下伏兵。等到越軍接近，一看便以為自己詭計被識破，速速退兵，連吳軍進攻楚國時，越軍也不敢妄動！（以上用意在免除後患）

萬事俱備，吳國順利地向楚國發起進攻。由於楚王以及囊瓦的自負，吳國一路勢如破竹，把楚國打得一敗塗地，直入楚國國都。楚王狼狽逃亡，僥倖不死；但楚國國力卻大大地受了傷。

## 【觀念運用於治安工作】

我在臺中市警局某分局偵查隊服務時，接獲轄區內董姓中古車商報案，報案內容為某次他出門進行高級進口二手車的交易時，某強盜集團佯稱要便宜出脫手上的高級中古車，跟他約了五月的某個早晨，在七四快速道路霧峰系統平面道路交易。由於相約的地點車來車往，堪稱安全的一手交錢一手交貨好地點，董老闆不疑有他，就帶著學徒與幾十萬的現金出門交易。

沒想到董老闆一到指定的交易地點，手機接到一通沒有顯示來電號碼的電話，一接起來，原來是早上相約看車且要求現金交易的賣家說人在大坑山區談工作，走不開，問說能不能改到大坑交易。因為人已經在七四快速道路旁，上快速道路再接平面道路到大坑不會很久，董老闆想都沒想就答應。順著賣家電話中的指示，董老闆和學徒就把車往產業道路裡開。由於是一邊聽電話指示一邊開車，董老闆完全沒注意到周遭愈來愈荒涼。等開到約定地點，對方出現，董老闆還沒來得及高興有便宜高級車可買，對方早已把手槍和斧頭亮出來。就這樣董老闆身上帶來交易的現金，連同自己和學徒的皮包證件，全都被洗劫一空。報案筆錄做好，董老闆還是氣呼呼的。我本以為這是個案，但到市警局開會時才發現原來其他轄區也有接到類似的報案。

回到分局，馬上請其他分局的隊長提供他們手上有的資料，發現這個佯裝賣車的強盜集團，雖然受害者分布在全市，但活動區域很高頻率是在本轄，我進而分析他們的犯案手法：一是一臺車在前佯裝賣車，另一臺車則包夾苦主進行搶劫；二是兩臺車同時行動，應該有使用手機或無線電彼此聯絡；三是此強盜集團火力不強，根據眾苦主的口述，只有一把斧頭跟一把手槍，而且手槍還可能只是改造、非制式手槍。

既然歹徒兩臺車在行動上靈活使用手機或無線電通訊，警方行動也不能落其後，為了緝捕這幫悍匪，我決定採取貼身及長距離監控方式，雙面夾攻搶匪，此次行動我決定出動三臺車，一臺是佯裝買家的中古車商用車，另外二臺則分別在五百公尺及一公里外監視第一臺及第二臺歹徒用車。三臺警方用車也要配上狀況良好的無線電設備才行。

且為了不讓歹徒得知第一臺車上有員警埋伏，我交代最近接到歹徒來電的另名轄內中古車商張老闆，安排一部貼有全黑反光車窗玻璃的車輛前往交易，事前還多次演練，確保坐在車內的四名同仁不會被車外的人所窺見。其餘七名同仁所乘坐的二部車，連同第一部打前鋒的車之間，無線電通聯與代號的約定也進行了多次演習。

終於等到約定交易的當天，果然狡猾的搶匪為了避開警方跟監，一開始只與張老闆約在清水區，對於明確的交易地點含糊其詞，還故意要張老闆多次用電話確認，以確保張老闆專心講電話，不去注意到車外的荒涼環境。搶匪緊接著故技重施，一路以行動電話通話，將張老闆引到荒涼的產業道路。等到張老闆到達歹徒設計下手的地點後，搶匪為求慎重，並沒有馬上現身，而是交易地點外圍來回繞行多次，確定沒有警車或其他車輛尾隨才下手。

三名歹徒一抵達現場，立即以車子衝撞被害人轎車，意圖製造被害人的恐慌。但第一臺車上的張老闆和同仁早就有心理準備，故意按兵不動，等到兩名歹徒一前一後從第一臺做案車輛下來，分持斧頭及手槍逼近，並以斧頭砸向車子左後車窗時，埋伏在車上的同仁馬上下車逮人。

因為歹徒本身火力不強，見到四名持槍的同仁下車，馬上轉頭往第一及第二臺前來接應的作案車輛逃跑，邊跑還邊向同仁開槍，並將斧頭擲向同仁。同仁不甘示弱，開了十四槍回擊，混亂中有四槍打中持斧頭搶匪的右手及雙腿；另一名持槍搶匪則棄槍逃回車上，與車上接應的搶匪飛車逃離現場。

正所謂螳螂捕蟬，黃雀在後，落跑的搶匪還在慶幸自己順利脫逃，我所安排的第二及第三輛偵訪車早在第一臺車無線電通報後迅速掌握到搶匪的逃亡路線，很快的予以包抄。第二臺犯案車輛上的歹徒見大勢已去，只好下車束手就擒。結局是：整個中古車商強盜集團完全栽入我所設的圈套，同仁們亦全身而退，這可以說是一次很成功的行動。

本案中，我落實了《孫子兵法》提到的「將軍之事」：行動前確定指揮系統暢通有效；全面分析敵我火力、人數的優劣以及對方的犯案手段；事前對配合的張老闆不透露一點行動細節，以免節外生枝；確定行動地點夠荒涼，不會有無辜民眾受流彈波及才行動；等待歹徒自己送上門來的良好行動時機。因此，本次行動才能一戰告捷呀！

## 情緒管控：將有五危

### 【原文摘錄及解析】

**主不可以怒而興師，將不可以慍而致戰**[1]。怒可以復喜，慍可以復悅，亡國不可以復存，人死不可以復生。故明君慎之，良將警之。（〈火攻〉）

鄒按：身為最高領導者不能感情用事，職位愈高，做錯決策的壞影響愈大。

**故將有五危，必死，可殺也；必生，可虜也；忿速**[2]**，可侮也；廉潔，可辱也；愛民，可煩也。**凡此五者，將之過也，用兵之災也。覆軍殺將，必以五危，不可不察也。（〈九變〉）

1 「慍」，含怒；怨恨。《詩・邶風・柏舟》：「憂心悄悄，慍于群小。」〔漢〕毛傳：「慍，怒也。」《論語・學而》：「人不知而不慍，不亦君子乎。」《後漢書・馮衍傳下》：「憤馮亭之不遂兮，慍去疾之遺惑。」〔唐〕李賢注：「慍，怨也。」

2 「忿速」，易怒性急。《孫子・九變》〔唐〕杜牧注：「忿者，剛怒也；速者，褊急也，性不厚重也。」

鄒按：將軍有五種要不得的情緒或個性缺陷必需要避免，以免被敵人利用；易言之，也要利用對方將領這五種缺陷，創造自己的利基。

「將有五危」，指的是領導者可能犯的情緒性失誤。領導者必需學習情緒管理，避免可能造成任務失敗的五種情緒。並且試圖讓對方的領導者發生這五種失誤，製造自己的可趁之機。這五種失誤包括[3]：

必死可殺，意指成天殺氣騰騰，一副「今天如果不成功便成仁」、亟想「拋頭顱灑熱血」之人。如此之人以為：「一死之外無可為者」；隨時準備殺身成仁。此種情緒最易使團隊在戰場上無謂犧牲。

必生可虜，意指凡事再三思考，小心謹慎，最希望面面俱到之人。如此之人決策最慢，而慢是瞬息萬變的第一線現場最大致命傷。如此思考決策，極易使團隊反而為人魚肉。

[3] 曉煒〈談識人（二）孔子、孫子，與韓非子的說法〉，http://blog.udn.com/wuyiutang/2073641。另可參陳再福〈《孫子兵法》戰爭哲學與論將〉，《陸軍學術月刊》三十四卷（三八九期），一九九八年一月，頁四－一一。

忿速可侮，意指凡事意氣用事，魯莽求速，「欲速則不達」之人。如果領導者因為一時的意氣用事而輕下決定，連很大的問題和阻礙也看在不眼裡，任務失敗的機率便提高了。

廉潔可辱，意指過度愛惜羽毛，過度追求程序正義而忘了任務的最終目的。如果領導者有道德潔癖，下屬做事定然綁手綁腳；如果指揮官過度關心外界的評價而連做錯一點小事也害怕，下屬肯定沒有創新和冒險的勇氣。

愛民可煩，意指過度疼愛下屬，結果事事親力親為。如此則一不能遂行職能分工，行政機器啟動困難，效率降低；二則造成領導者的過度勞累，勞累之下勢必做出錯誤的決定。

孫子雖然強調領導者要發揮人的主觀能動性，但這種發揮不能超越客觀條件許可的範圍。因此他反對不顧實際情況，任憑主觀意願行事的蠻幹。孫子認為將帥必須克服脫離客觀實際、以個人情緒決定戰爭的主觀唯心主義。若一意孤行，離開戰爭所依靠的基本條件，必然導致失敗。到那時「雖有智者，不能善其後矣」（〈作戰〉）。[4]

---

[4] 周傳榮〈論孫子的軍事哲學思想〉，《學術問題研究》綜合版，二〇〇六年一期，頁一一六。

要求己方將帥的同時，孫子的主張也等同指出，如果能擾亂對方將領的情緒，使其做出錯誤的決策，將提供我方重要的進攻時機。

## 【古代戰爭實例】

前秦在統一北方黃河流域地區之後，勢如中天。前秦王兼軍事將領苻堅坐鎮項城，想要一口氣殲滅東晉，於是調集九十萬大軍，並派其弟苻融當先鋒，順利攻下壽陽。因為初戰告捷，苻融樂觀地研判東晉軍力不強，所以寫信給苻堅，希望苻堅率領主力部隊迅速進攻東晉。苻堅收信，大喜過望，還沒等大軍齊集，就親率幾千騎兵趕到壽陽，與弟弟苻融會合。不過前秦主力未到的消息給東晉將領謝石知道，謝石立刻前去迎擊，擊敗前秦前鋒，挫了挫敵人的銳氣。

此戰告捷後，謝石親率部隊渡過洛澗，順著淮河而上，抵達淝水，即將軍隊駐紮在八公山邊，與壽陽的前秦軍隊隔岸對峙。苻堅觀察東晉軍隊陣勢嚴整，氣勢如虹，一時難以處置，便下令所屬堅守河岸。由於敵眾我寡，謝石意識到只能速戰速決。於是他決定用激將法，去信激怒連打了幾場勝仗的苻堅。

苻堅看完謝石來信，當然知道是激將法，他故作鎮定，想要將計就計，假裝暫退一箭之地，引誘東晉軍隊前來追擊，再予以回馬槍。誰知道秦軍接連幾次戰役，士兵們氣力尚未恢復，又想念家鄉。一聽到撤軍令，頓時陣勢大亂。雖然謝石想要影響苻堅的情緒失敗，卻成功的影響了秦軍的心情。苻堅聯軍發生混亂，謝石立即下令東晉兵馬迅速渡河，乘虛而入，殺得秦軍片甲不留。混亂中前秦先鋒苻融被殺，苻堅也中箭負傷，逃回洛陽。人數佔盡優勢的前秦軍大敗。

## 【觀念運用於治安工作】

我在南投市某派出所服務時，這裡民風淳樸，平時很少有刑事案件發生。如果有，也是因為此處為國道三號與中投快速道路交接之處。涉案歹徒都是「路過」，因此我跟我的同仁們最多也就是擔任其他外縣市主辦案件單位的協助角色。

某天一早，我才剛到所裡沒多久，突然公務電話響了起來，這十分不尋常。一接起電話，是衛生所來電。原來衛生所接到通報，有一應強制送醫的精神病患，不知為何想要在家中引爆瓦斯。因為鄰近的草屯鎮設有精神療養院，所以轄內偶爾會接到協助將病患強制送醫的電話要求。但這麼激烈要引火自盡的，我問了問所內同仁，他們還是第一次遇到。

不一會兒，衛生所的人員到派出所來與我及同仁們會合後，就趕到病患位在南投市大埤街上的住宅。當地消防隊早已趕到，並完成水線布置。現場坐鎮的消防隊林分隊長是警察大學晚我七期的學弟，我回學校讀研究所時與他有一面之緣。寒暄幾句後就趕緊跟向他瞭解現場狀況。原來住在鐵皮屋民宅的三十五歲蔡男被家屬通報，要求強制送往署立草屯精神療養院就醫。蔡男自覺即將被家人拋棄，情緒變得十分激動。還沒等到衛生所人員前來，就躲入自己的房間內，並拿出預先藏好的水果刀、菜刀、瓦斯桶抵抗。

衛生所人員和消防隊想進入制服蔡男，但他不只將房內的時鐘、玻璃杯、汽水瓶等往外砸，同時持菜刀在房間內亂砍。所有人被他突如其來的舉動嚇到，不得其門而入。因為順利擋下要制服他的人，蔡男情緒變得更加亢奮，還大聲唱起軍歌。

為防止意外、減少傷亡，眼見第一波攻勢無功而返後，便我請蔡男家屬隔著門窗與其溝通。但蔡男吃了秤砣鐵了心，打定主意不跟「想要拋棄他的家人」對話。就這樣幾十個人與蔡男對峙了近兩小時。林消防隊長不想再僵在這裡，於是提議用消防水柱強力攻堅，蔡男或者無力對抗水柱，待他跌坐在地時就可以加以制服，同時噴水時產生的水霧也可以阻止蔡男想要引爆瓦斯的企圖。不料蔡男早一步察覺消防隊的計畫，先在通道上擺了衣櫃。水柱被衣櫃擋住，威力大減，消防隊這條計謀算是失敗了。蔡男眼見順利阻擋二次攻堅，更加驕傲自滿，大叫：「你們員警沒用啦！有種進來開槍，我不怕子彈啦！」

前二次行動無功而返，同仁們和消防隊、衛生所的人員開始失去耐性，想要強攻的意見不斷被提出，希望我定奪。我審酌情勢，料想強攻一定會出現傷亡，情緒化的決策容易造成難以彌補的糟糕結局，這是常識。萬一同仁受傷，還被被媒體知道我們用大炮打小鳥，對警消形象傷害更大。

當下我想到《孫子兵法》提到的「將有五危」——自己要注意不能情緒化，還要反過來影響對方的情緒。所以我請同仁們稍安無躁，先埋伏在門邊，別讓蔡男看見，再拿出警車上的擴音器，對著屋內的蔡男大喊：「你不用太囂張啦！我聽鄰居說你就是因為雞雞比別人小才這麼容易生氣！有種出來跟我比大小呀！敢不敢？」沒想到此法竟然奏效，蔡男一聽，憤怒地大叫：「我的雞雞比別人小都沒關係，比警察小這還得了！」只見蔡男一邊脫褲子一邊從屋內走出來，準備和門外的我一決高下，埋伏在門邊的同仁們見機不可失，立刻一擁而上將他抓住，五花大綁後，終於順利的將蔡男強制送醫。

# 一　蒐集情報：知彼知己

## 【原文摘錄及解析】

知彼知己者，百戰不殆；不知彼而知己，一勝一負；不知彼不知己，每戰必殆。

（〈謀攻〉）

鄒按：全面掌握敵我的情報，才能百戰百勝。

鄉間者，因其鄉人而用之；內間者，因其官人而用之；反間者，因其敵間而用之；死間者，為誑事於外[1]，令吾間知之，而傳於敵間也；生間者，反報也。故三軍之事，莫親於間，賞莫厚於間，事莫密於間。非聖賢不能用間，非仁義不能使間，非微妙不能得間之實。微哉微哉！無所不用間也。間事未發而先聞者，間

1 「誑」，惑亂；欺騙。《禮記．曲禮上》：「幼子常視毋誑。」〔漢〕鄭玄注：「小未有所知，常示以正物，以正教之，無誑欺。」《國語．周語下》：「夫天道導可而省否，萇叔反是，以誑劉子，必有三殃。」

與所告者皆死。……凡軍之所欲擊，城之所欲攻，人之所欲殺，必先知其守將、左右、謁者[2]、門者、舍人之姓名，令吾間必索知之。必索敵人之間來間我者，因而利之，導而舍之，故反間可得而用也；因是而知之，故鄉間、內間可得而使也；因是而知之，故死間為誑事，可使告敵；因是而知之，故生間可使如期。五間之事，主必知之，知之必在於反間，故反間不可不厚也。（〈用間〉）

鄒按：情報的來源之一是間諜；間諜有五種，要同時使用。因為間諜的工作風險很大，給予的待遇也要是最好的。

凡處軍、相敵，絕山依谷，視生處高，戰隆無登，此處山之軍也。……視生處高，無迎水流，此處水上之軍也。……若交軍於斥澤之中，必依水草，而背眾樹，此處斥澤之軍也。平陸處易，而右背高，前死後生，此處平陸之軍也。……凡地有絕澗、天井、天牢、天羅、天陷、天隙，必亟去之，勿近也。吾遠之，敵

2 「謁者」，官名。始置於春秋、戰國時，秦漢因之。掌賓贊受事，即為天子傳達。南朝梁置謁者臺，掌朝覲賓饗及奉詔出使。陳及隋皆因之。唐改為通事舍人。

近之;吾迎之,敵背之。軍旁有險阻、潢井、葭葦、林木、蘙薈者,必謹覆索之,此伏奸之所也。敵近而靜者,恃其險也;遠而挑戰者,欲人之進也;其所居易者,利也。眾樹動者,來也;眾草多障者,疑也;鳥起者,伏也;獸駭者,覆也;塵高而銳者,車來也;卑而廣者,徒來也;散而條達者,樵采也;少而往來者,營軍也。辭卑而備者,進也;辭強而進驅者,退也;輕車先出其側者,陣也;無約而請和者,謀也;奔走而陳兵者,期也;半進半退者,誘也。杖而立者,飢也;汲而先飲者,渴也;見利而不進者,勞也;鳥集者,虛也;夜呼者,恐也;軍擾者,將不重也;旌旗動者,亂也;吏怒者,倦也;粟馬肉食者,軍無糧也;懸缶而不返其舍者,窮寇也;諄諄翕翕,徐與人言者,失眾也;數賞者,窘也;數罰者,困也;先暴而後畏其眾者,不精之至也;來委謝者,欲休息也。兵怒而相迎,久而不合,又不相去,必謹察之。(〈行軍〉)

鄒按:情報的來源之二是分析敵人的言行與敵人駐紮處。

夫未戰而廟算勝者[3]，得算多也；未戰而廟算不勝者，得算少也。多算勝，少算不勝，而況無算乎！吾以此觀之，勝負見矣。（〈始計〉）

鄒按：掌握所有情報後要據以分析計算，誰分析的情報愈多，分析得愈仔細，誰就愈可能得勝。

戰爭是雙方實力的對抗，情況複雜多變，謀略決策是否符合實際需求，是決定成敗的重要關鍵。孫子強調掌握情況的「先知」思想：「故明君賢將所以動而勝人，成功出於眾者，先知也。」（〈用間〉）「知」的內容極為廣泛，《孫子兵法》許多篇章都有論述。概括說來，就是要全面瞭解敵我雙方及天文地理等各種情況，從而做出符合實際需求的判斷，定下可期勝利的決策。其中又以掌握敵情最為重要。

如何才能掌握敵情？孫子提出了兩種主要方法：其一是「用間」，即利用間諜偵察

[3] 「廟算」，朝廷或帝王對戰事進行的謀劃。《孫子．計》〔清〕張預注：「古者興師命將，必致齋於朝，授以成算，然後遣之，故謂之廟算。」〔南朝梁〕任昉《奏彈曹景宗》：「伏惟聖武英挺，略不世出，料敵制變，萬里無差，奉而行之，實弘廟算。」《舊唐書．李絳傳》：「朝有正人，時稱令德，入參廟算，出總師干。」

敵情並實施離間。《孫子兵法・用間》就專門討論了間諜的作用和使用方法。[4]《孫子兵法》它不僅主張「上智為間」，還要求「五間俱起」，以掌握敵人的國情、政情、民情。用間基本上屬於戰略偵察性質，它是戰略性決策的根據。

孫子對「五間俱起」（鄉間、內間、反間、死間、生間）、情報手段分類及其使用原則做出了科學的分析[5]：

其一、圍繞戰略目標拓展情報蒐集管道，動員各種類型的情報手段獲取敵人的各方面的情報，建立立體化的情報蒐集體系。

其二、從系統論的高度，對多種情報偵察手段、設備進行優化組合，從而滿足不同層次的情報需求。

其三、建立具有高度組織和效率的情報系統體系，使各種情報手段和機構，情報週期的各個環節互為支撐，發揮出整體合力。

---

4 另可參宋筱元、紀光陽〈論《孫子兵法》中的情報決策觀〉，《警學叢刊》三十七卷四期，二〇〇七年一月，頁四三－六八。

5 王肖戎、李欣澤〈《孫子兵法》中的軍事情報思想〉，《社科縱橫》二十七卷七期，二〇一二年七月，頁九五。

除了用間，第二個知敵之法就是「相敵」。「相敵」，即通過觀察判斷敵情。內容基本上屬於戰場觀察性質，是戰術性謀略決策的根據。孫子指出有四種資訊是相敵時所必需要注意的：第一受作戰行動影響的自然現象，如草木、鳥類等；第二是軍隊行動所產生的跡象，如動靜、遠近、揚塵、車馬、布陣等；第三是敵人的行為舉止，如怨怒、驚恐、疲憊、賞罰，以及使者「辭卑」或「辭強」等；第四是敵軍的一些反常現象，如「近而靜」、「遠而挑」、「見利而不進」、「無約而請和」，以及「兵怒」而「不合」等。[6]對於這些資訊，必需要注意是否為敵人有意散布的資訊，是否為疑兵之計。我們想迷惑敵人，同時敵人也想迷惑我們，此間利害一定要小心。

有了「知」：「用間」和「相敵」——掌握足夠的情報——之後就要「算」（計算、謀劃）。所以孫子才說：「夫未戰而廟算勝者，得算多也；未戰而廟算不勝者，得算少也。多算勝，少算不勝。」（〈始計〉）「算」就是對情報進行分析，它可以看作「知」的提高和延伸。在孫子看來，全面地瞭解敵我雙方情況，只是提供了戰爭中取勝

6 劉彥成〈領悟孫子兵法中的管理哲學——戰場上相敵之術：行軍篇〉，「商業評論網」，http://club.ebusinessreview.cn/blogArticle-111758.html。

的必要條件，尚不是充分條件。如要最終取勝，還須對瞭解來的實際情況，進行「察」（考察、研究）、「算」，形成具體的戰略、戰術，然後在行動中力求創造各種條件，使敵人處於不利地位，最後戰勝敵人。[7]

## 【古代戰爭實例】

南北朝時期的北周將領韋叔裕是個誠信仁義之人。因其修為得以堅守玉壁城，城內的百姓和將士都十分愛戴他。韋叔裕除了對自己人好，更重金拉攏北齊人。這些親近北周的北齊人，得到了韋叔裕的好處，便常常將北齊國內的重大事件寫信報告給韋叔裕知道。所以北齊境內大小事，透過韋叔裕，北周總能充分掌握。

擁有民心跟將才的韋叔裕誰都不怕，最忌憚北齊賢相斛律光。因為斛律光不止治軍嚴明，而且懂得卜筮，能預決吉凶。為了早日消滅北齊，韋叔裕一直很想儘快除掉斛律

7 孫子之所以強調「算」，那是因為敵對雙方的將領都在相互謀算和欺詐，以期獲得出奇制勝的效果。因此，雙方將領智慧謀略是決定戰爭勝敗的關鍵因素。

光。這天，韋叔裕從北齊人寄來的書信中得知斛律光卜得隔年齊國將有大亂。眼見機不可失，韋叔裕馬上派人在北齊散布假造的百姓傳唱歌謠，像是：「百升飛上天，明月照長安」、「高山不推自潰，槲木不扶自立」等等，歌詞中的「百升」和「槲木」暗指斛律光；高山則指北齊君王。當然這些虛構的歌謠就是用來栽贓斛律光想篡位用的。

如果斛律光素來為君王所信任，這些歌謠絕不會發生什麼作用，但誰料想與斛律光一向不合的北齊謀臣祖孝徵有意蒐集這些歌謠，再跑去北齊皇帝耳邊嚼舌根。就這樣，斛律光就被不明事理的主子給殺了。斛律光一死，北周武帝馬上下令進攻北齊，沒有賢臣良將，北齊沒兩三下給滅掉了。

## 【觀念運用於治安工作】[8]

我在桃園市警局服務時處理了許多幫派犯罪的案件。桃園市之所以存在這麼多幫派與有組織的犯罪行為，在於市內有大規模的工業區，聚集了許多外勞與他們已歸化臺籍的親友。加上脫離工廠或看護僱主的在逃的外勞，市內不遵守中華民國法律的人數及非法外勞所占人口比例十分之高。

這些對象因身處異國異地，為了不被欺侮，加入幫派是他們最快、最好的選擇。所以市內以菲籍、印籍、越籍、泰籍為主的「社團」十分之多。有些靠收取特殊場所（多半是同國籍人士歸化臺灣後開設）的保護費以維持社團運作，有些則進行暴力討債或工地圍事。因為當初他們就是為了錢、為了改善家中經濟才遠渡重洋來到臺灣，一旦在違法行為中嘗到甜頭後他們是不肯收手的；也因此，為了錢，他

8 另可參費添錦《孫子兵法應用於警察情報蒐集之研究：以用間篇為例》，臺北：文化大學政治學系碩士論文，二〇一一年。

們在爭奪地盤或逼使被害人就範的手段上要更為殘忍暴虐，很大程度影響到本市的治安。

我剛到任時無法理解的是，這些外籍人士在語言與文化上與臺灣格格不入，為何能有這麼強的適應能力？深入瞭解後才知道，原來是他們的母國早年就派出僑生到臺灣求學，這些學生再加上近年來遠嫁來臺灣的各國外籍新娘，都有可能被外籍幫派吸收成為成員，或者成為他們的諮詢對象。瞭解這層原因後，我對處理外籍人士案件中，進行筆錄時從鄰近大學請來幫忙的外籍生或僑生也就多了分戒心，後來請他們協助翻譯，在完成工作後也都請他們先行離開——畢竟警方的一些筆錄或偵訊技巧的制式作法，若因為他們而被不法分子掌握，將十分不利於未來將展開的各種犯罪查緝行動。

某次我率領隊員前往中壢查緝某個以廖姓越籍華人為首的小型暴力討債集團，因為事前保密到家，加上行動迅速，成功將該集團一網打盡。現場起獲多支改造手槍，以及用來恐嚇被害人的刀械如球棒、狼牙棒、西瓜刀等，還有主嫌辦公桌上與保險箱內眾多被害人所簽具的本票及借據。

為了擴大查緝成果，我請同仁仔細的進行地毯式搜索，沒多久搜查集團成員臥室的同仁回報，表示搜到了個從沒在刑案現場或罪犯窩藏點看過的「怪東西」。聽到同仁這般高喊，激起了我的好奇心，我趕快鑽進臥室，沒想到映入眼簾的還真是個與本處極其不搭的怪東西——床頭櫃上放了一本臺灣警察專科學校的招生簡章，以及一疊應考科目的參考用書。

第一時間我想到：「難道有在職員警或在學警校生涉入本案？」為了釐清其中緣由，我先不動聲色，將主嫌廖某喚來臥室，指了指床頭櫃上那疊資料：「你討債就討債，買這些書是要幹嘛？」沒想到廖嫌尬尷的笑說：：「我看了電影『無間道』，覺得曾志偉能在片中把毒品生意做大，就是因為他的小弟劉德華打年輕時就去報考警校，在警察內部當曾的內應……」我聽了心頭一驚：「然後咧？」廖嫌接著說：「我想依樣畫葫蘆，也叫小弟去考警專，結果沒想到他們全部落榜……」聽完廖嫌的陳述，再看了看他被壓制在一旁的小弟們，我鬆了一口氣，覺得好氣又好笑；笑歸笑，還是得趕緊把這些上銬的犯罪成員全趕上警車載走。

《孫子兵法》說「知彼知己，百戰不殆」，警方利用線民、臥底在搜集犯罪份子的犯罪事證的同時，對方也會想辦法打入警察的圈子裡——或者利用無辜的學生、或者重金買通不肖員警協助蒐集警方的行動資訊。「保密防諜」在治安工作中顯得特別重要呀！

# 兵不厭詐：兵者詭道也

## 【原文摘錄及解析】

**兵者詭道也。**[1]故能而示之不能，用而示之不用，近而示之遠，遠而示之近。利而誘之，亂而取之，實而備之，強而避之，怒而撓之[2]，卑而驕之，佚而勞之，親而離之，攻其無備，出其不意。此兵家之勝，不可先傳也。（〈始計〉）

**鄒按：**戰爭對抗就是你騙我、我騙你，所以在對抗中要掩飾自己的企圖，同時識破對方的企圖。如此才能夠出其不意，取得勝利。

---

1 「詭道」，詭詐之術。《孫子．計》〔三國〕曹操注：「兵無常形，以詭詐為道。」《三國志．蜀志．郤正傳》：「或飾真以雠偽，或挾邪以干榮，或詭道以要上，或鬻技以自矜。」〔明〕錢琦《錢公良測語．淳風》：「若以成敗論，則世之詭道成功者，豈皆足稱者邪！」

2 「撓」，擾亂；阻撓。《逸周書．史記》：「外內相間，下撓其民，民無所附，三苗以亡。」〔晉〕干寶《〈晉紀〉總論》：「劉淵、王彌，撓之於青冀。」《舊唐書．段秀實傳》：「將紓國難，詭收寇兵，撓其凶謀，果集吾事。」〔宋〕宋祁《宋景文公筆記．雜說》：「贋賈亂廛，窳農敗田，讒夫撓邦，害馬汙群。」

夫兵形象水，水之形，避高而趨下，兵之形，避實而擊虛；水因地而制流，兵因敵而制勝[3]。故**兵無常勢，水無常形。能因敵變化而取勝者，謂之神**。故五行無常勝，四時無常位，日有短長，月有死生。（〈虛實〉）

鄒按：戰爭中的各種兵力調度與計謀使用，要像水一樣，避免硬碰硬、遇到什麼形狀就變成什麼形態。如此敵人才猜不透我方的主力在哪裡以及我方的行動企圖。

孫子所處的春秋時期，戰爭指導的行為規範是《周禮》中的〈軍禮〉，〈軍禮〉對戰爭的基本要求之一就是交戰雙方必須公平、對等地較量。但孫子突破傳統〈軍禮〉的規範，指出：「兵者詭道也」，認為戰爭指導的根本法則是「詭道」：採取各種方法，如欺騙、誤導等，藉以削弱和操縱敵人，努力創造和利用對我有利、對敵不利的對抗局面，在不對等、不公平的條件下戰勝對手。

3 「制」，依情況而決定《易．節》：「《象》曰：澤上有水，節，君子以制數度，議德行。」《後漢書．孔融傳》：「時年饑兵興，操表制酒禁。」〔宋〕王安石《上皇帝萬言書》：「方今制祿，大抵皆薄。」

「攻其無備，出其不意」是「詭道」核心內容，其宗旨就是謀求敵我實力和狀態不對等的作戰環境，使我方占據優勢，敵方處於劣勢，使我方得以利用這種優劣差異，以較小的代價獲取戰爭的勝利。用最小代價取得最大勝利，這是不對等較量的概念。在〈軍爭〉篇中，孫子更進一步闡述了不對等較量的思想：「故善用兵者，避其銳氣，擊其惰歸，此治氣者也。以治待亂，以靜待嘩，此治心者也。以近待遠，以佚待勞，以飽待饑，此治力者也。無邀正正之旗，勿擊堂堂之陣，此治變者也。」孫子主張，戰爭和作戰指導的要義，就是運用「詭道」，創造一種我方在士氣、心理、體力和謀略運用等諸方面均明顯占優勢的有利姿態，在這些方面均構成敵我不對等的狀態，這樣才能確保戰爭的勝利，同時能夠有效降低戰爭的成本。[4]

孫子從戰爭的發展中，總結出「兵者詭道也」這一完全符合戰爭本質特徵的命題，從而突出了謀略制勝的思想。戰爭既是關係到雙方「死生」、「存亡」的殊死鬥爭，那就不管戰爭的最終目的是什麼，戰爭本身絕不能對敵仁慈、信義。有人認為詭道、謀略

4 任力〈孫子「詭道」思想的理論創新價值〉，《軍事歷史》二〇一二年四期，頁六一。

不過是欺敵行詐的藝術，這是很不全面的。詭道思想基礎上的謀略，不僅是欺敵，還包括有計算、謀劃和制定方案等內容，它是以最小代價換取最大利益的邏輯方法和指導藝術。[5]

## 【古代戰爭實例】

在幾次清軍的圍剿之下，鄭成功都成功獲勝，不過鄭成功並沒因勝戰而得意，因為他知道清廷終究會用盡一切辦法解決他這個心腹大患。為了拉開安全的作戰縱深，鄭成功勢必得要向東／臺灣發展。但當時臺灣由荷蘭人所統治，如果要趕走荷蘭人，得要運用一些計謀才行。於是，他一邊建造戰船，卻一邊給當時的臺灣荷蘭總督去信，表示絕對不會侵擾臺灣。

[5] 〈《孫子》的散文藝術〉，teacher.whsh.tc.edu.tw/joy/f2blog/attachments/201309/4695605166.pptx。

當然荷蘭人早知道鄭成功被清廷追殺的情況，也猜想有天鄭成功會轉向到臺灣來。因為這樣的設想，在荷蘭總督反映後，荷蘭政府特別從巴達維亞（今日的雅加達）調動樊特郎率兵前來支援。不過鄭成功的信函要來得稍早，樊特郎得知鄭成功的來信內容後，認為其言可信，便率領援軍返回巴達維亞。

當然鄭成功此信是假，在知道樊特郎邁向回程後，鄭成功便率精兵三萬，從金門料羅灣出發，直奔臺灣。當時，荷蘭軍在臺灣的總兵力為兩千多人；三萬打兩千，很有勝算。不過要從外海進入臺灣，必須要用到鯤身島和北線尾島之間的大港（今日臺南安平附近），然而這條水道完全處於荷軍的火炮控制之下。除此條水道外，進入臺灣的另一門戶在北線尾島與鹿耳嶼島之間的鹿耳門港（今日臺南安南附近），但海水不深，只能走小船，所以荷軍在這裡的守備不多，只建有一座小屋，配一名伍長與六名士兵而已。

先用信函騙走樊特郎後，鄭成功想再騙一次，於是假意率大軍從正面入侵大港，實則調動主力經由鹿耳門港上岸。果然荷軍受到欺騙，重兵布署在大港。鄭成功的主力戰艦再利用漲潮的機會迅速進入鹿耳門港登岸。隨即在當地漢人百姓的幫助下，很快地搶占赤嵌街區域，並包圍僅有兩百餘名荷軍士兵防守的普羅民遮城（今日舊臺南市）。

鄭成功順利登岸的消息傳到荷蘭總督耳中，他大吃一驚，隨即意識到大勢已去，只好投降。雖然荷蘭政府又從巴達維亞派兵前來增援，但攻守易勢，沒多久全臺荷蘭人就都投降了。

## 【觀念運用於治安工作】

我在北港鎮某派出所服務時，某段時間裡接獲到不少闖空門的報案。分析犯案手法後，發現竊賊的手法很老套，大概就是利用夜間，前去被害人家門口按電鈴，發現無人應門後，即用工具破壞門窗，進入行竊。由於各案的犯案手法雷同，我推測這些案件可能都是同一人所為。

北港鎮公所的預算較之都會區的區公所是不太足夠的，當時僅能在市區要道上安裝監視器。偏偏這個竊賊做過功課，除了曉得戴帽子和手套，避免毛髮與指紋留在現場外，還專門找監視器較少的郊區小社區下手。這樣的一個偵辦條件實在不利後續查緝行動展開，我和同仁們對此都感到有點無力。所裡的林警員對我說：「要把這個竊嫌抓到，最好的情況就是他行竊時剛好被居民察覺，我們接獲報案後趕過去圍捕他，否則這個案子要破，有點難度。」──我無奈的點點頭表示同意。除了重新清查轄內竊盜前科資料，我也要同仁們密切注意鄰近派出所有無接獲類似的報案，看能不能據此畫出竊嫌的活動軌跡和地緣關係，就能先到幾個他可能藏身的地方查訪看看。

沒想到老天爺聽到林警員的心聲，就在某個星期四——四處查訪全無收穫的隔天傍晚，所裡公務電話響了，某村村長來電：原來這個竊嫌在某村行竊時剛好被返家的屋主察覺，屋主趕緊叫村長利用村內廣播系統廣播，動員全村男丁在村內進行圍捕。聽到這消息的我趕緊叫同仁跳上警車直驅該村。

一行人到達現場，發現人聲鼎沸，十多個村民正在對著僵在屋簷上的竊嫌叫囂。竊嫌遠遠看到警車車頂照來的紅藍警示燈光，已經想要跳樓，等到我們下車，他情緒更加激動。看這情況，我很擔心嫌犯一被逼急會自戕，正打算拿擴音器對他進行勸說。誰知他看到我鑽入警車，以為我要拿槍對付他，在屋簷上助跑一段後，即跳入屋旁不遠處的牛挑灣大排。

眼看他縱身一跳，我心想這下完了：「得要麻煩消防隊派救護車或殯葬業派靈車來了！」不過在探身察看後我鬆了口氣，因為正值灌溉期間，排裡水位不低，加上雜草叢生，竊嫌落地應有緩衝。這念頭還沒落，就看到竊嫌在草叢間探頭探腦。

居民們發現竊嫌沒事，還被困在沙洲爛泥上，一陣喊殺喊打。竊嫌一聽，便害怕地躲了起來，不見蹤影。

我觀察了一下現地的地形地貌，發現大排旁邊都是樹林，如果硬要抓他，他可能心一橫就往伸手不見五指的樹林裡鑽去。一則樹林裡有什麼野獸，可能傷到前去追緝的同仁或村民，這個說不準；二則如果給他成功逃進林子裡，那比在大排裡抓他要更為困難。

於是我假意對所有村民說：「天黑了，大排裡水也急；小偷沒偷成，跳下大排應該也受了傷，這也算是老天爺給他的懲罰了。我們如果硬要抓他，萬一諸位有個意外，也太划不來。大家先回家，剛剛我認清了小偷的長相，回去調口卡來認，跑得了和尚跑不了廟，明天我們會直接去他家抓他。」村民們雖然不太滿意，但聽聽我講的話也覺得還可以接受，於是就各自回家去了。

我一邊打發村民回家，一邊給一同到現場的同仁使眼色，要他們別上車，待我把警車開走後，埋伏在大排旁。還沒到盛夏，晚上山風吹來會冷，全身濕透了的竊嫌看到村民散去、警車離開，一定會由靠村、靠馬路的排岸爬上來，到時候再抓他不遲。

果然在村民回家、我駕駛警車假意開離村口後，就在無線電裡聽到報告，爬上岸的竊嫌被埋伏的同仁抓著了，我馬上將警車調頭。原來竊嫌是三十三歲蔡男，為本轄的治案顧慮人口，有多項竊盜、毒品前科，才出獄沒多久，又重操舊業。我問他：「老蔡，你在這裡幹嘛？偷東西呀？」蔡男悻悻然的說：「你們搞錯了，我是來找朋友的，不知道為什麼村民們追著我跑。」見他如此狡辯，我馬上找來受害屋主對質，看到屋主家大門門鎖被破壞，屋主也指證歷歷，隨即將蔡男依竊盜罪移送法辦。

要抓到跳進大排的小偷是很棘手的，大排或樹林裡有什麼危安因子我也不知道，於是我想到應用《孫子兵法》中的「兵者詭道」，假意叫村民及同仁撤退，順利的騙到蔡男，不費吹灰之力把正爬上岸的他抓拿到案。

# 一　自保全勝：不戰而屈人之兵

## 【原文摘錄及解析】

夫戰勝攻取，而不修其功者凶，命曰費留[1]。故曰：「主慮之，良將修之。**非利不動，非得不用，非危不戰。**」主不可以怒而興師，將不可以慍而致戰。合於利而動，不合於利而止。怒可以復喜，慍可以復悅，**亡國不可以復存，死者不可以復生。故明君慎之，良將警之，此安國全軍之道也。**（〈火攻〉）

鄒按：非不得已，絕對不動用武力；這是因為一旦動手，不管結局如何，自己都會有所折損，所有人都是輸家。

1 「費留」，指愛惜花費，不及時論功行賞。《孫子．火攻》（三國）曹操注：「若水之留不復還也。或曰，賞不以時，但費留也，賞善不踰日也。」《文選．左思．魏都賦》：「朝無刓印，國無費留。」（唐）呂向注：「功不賞曰費留。」

**凡用兵之法，全國為上**，破國次之；全軍為上，破軍次之；全旅為上，破旅次之；全卒為上，破卒次之；全伍為上，破伍次之。是故百戰百勝，非善之善者也；**不戰而屈人之兵，善之善者也**。（〈謀攻〉）

鄒按：兩軍對峙，最好是在對方完全無損的情況下向我投降—我才能完整接收對方的資源。能夠不動手就讓對方屈服才是高手中的高手。

故用兵之法，無恃其不來，**恃吾有以待也**；無恃其不攻，**恃吾有所不可攻也**。（〈九變〉）

鄒按：保全自己的方法是對所有狀況都要有所準備，而非妄想對方不會對付我。

故用兵之法，十則圍之，五則攻之，倍則分之，**敵則能戰之，少則能逃之，不若則能避之**。故小敵之堅，大敵之擒也[2]。（〈謀攻〉）

2 戰力小於敵人則堅守不出；戰力大於敵人則主動出擊。

鄒按：打得過對方就不用客氣；打不過對方，腳底抹油逃走也不必喪氣。

孫子認為，軍事雙方的對抗和較量，首先是雙方領導者的智慧、經驗的較量。凡兵戎相見，「不戰而屈人之兵」為上。軍事謀略的應用貴在因利制權、為勢於外，即善於隱藏自己的實力，使對方受制於己，掌握戰爭的主動權。[3]

「不戰而屈人之兵」是孫子的一個重要思想，孫子兵法汲取了楚莊王「止戈為武」的精神（《左傳‧宣公十二年》），又總結了齊桓公依靠外交、攻心等非武力手段而九合諸侯的歷史經驗，在周武王「善戰不鬥」（《逸周書‧柔武解》）、管仲「至善不戰」（《管子‧兵法》）的思想基礎上，發展為「不戰而屈人之兵」，力爭全勝的國家戰略。「不戰而屈人之兵」意即用不流血的鬥爭方法，迫使敵方屈從我方的意志，既不損失我方的兵力物力，也不破壞敵方的兵力物力，從而最大限度地避免「用兵之害」。[4]

3 陳立明〈淺論中國古代謀略文化〉，《山東社會科學》一九九八年四期，頁五一。

4 從「不戰而屈人之兵」的思想延伸，孫子又提出「慎戰」的思想。《孫子兵法》的慎戰思想，貫穿於整個戰爭過

根據這種全勝的戰略思想，武裝衝突並不是孫子所認可的戰爭理想形式。因此〈謀攻〉篇說：「上兵伐謀，其次伐交，其次伐兵，其下攻城。」戰爭的理想形式是通過謀略和外交手段達到取勝的目的，兵戎相加，攻城拔寨，只是不得已而採取的辦法。[5]不戰，並不是不要戰爭，更不是不要軍隊，恰恰相反，必須以堅強的軍事力量為後盾，才有可能不戰而勝，或以最小代價迫使敵人屈服。必須有一支「霸王之兵」，才能「威加於敵」（〈九地〉）；甚至誇大地要求與敵軍力量對比上應達到「以鎰稱銖」（〈軍形〉）。[6]

美國在朝鮮、越南戰爭失敗後，將目光轉向東方戰爭理論，〔美〕理查・福斯特就

程。首先，戰前必須對道、天、地、將、法五項制勝基本因素，從七個方面進行敵我對比計算，合於利才能出兵。其次，孫子認為，戰爭需要大量的人力、物力和財力，同時每一場戰爭都必然會造成士兵和百姓的大量死亡，所以一國的君主和將領在決定用兵時必須慎之又慎。

5 另可參李淑貞、陳文進〈屈人之兵論——春秋孫武著《孫子兵法》導論與析疑〉，《黎明學報》二十一卷一期，二〇〇九年七月，頁一八五—一九五。

6 或有論者以為孫子兵法的這一思想和西方軍事理論家克勞塞維茨的思想，從總體來說是完全對立的。克勞塞維茨認為「戰爭是一種暴力行為，而暴力的使用是沒有限度的」。他說：「有些仁慈的人，很容易認為一定有一種方法，不必造成太大傷亡就能解除敵人的武裝或打垮敵人，並認為這是軍事藝術發展的真正方向。這種看法不管多美妙，卻是一種必須消除的錯誤思想。」

是運用《孫子兵法》思想研究新戰略，以「不戰而屈人之兵」為基點，提出「確保生存和安全」戰略，代替「確保摧毀」戰略，成為美國對蘇戰略的決策思想。可見孫子這一戰略思想，對現代戰爭仍具有相當的影響。[7]

「不戰而屈人之兵」的最終目標就是「自保而全勝」（〈軍形〉）[8]，辦法是首先使自己立於不敗之地，然後尋找破敵之機，集中優勢兵力，全面打擊敵人。孫子說：「昔之善戰者，先為不可勝，以待敵之可勝。不可勝在己，可勝在敵。故善戰者，能為不可勝，不能使敵之可勝。」（〈軍形〉）孫子認為，使自己不被敵人戰勝的主動權

---

7 或有論者以為這種「不戰而屈人之兵」的思想，在當代越來越受到人們的重視。如〔英〕戰略學家利德爾・哈特曾任英國陸軍大臣顧問。他在《戰略論》一書的扉頁上，引證孫子語錄達一五條之多。他說：「在《孫子兵法》這部篇幅不長的書中，把我二〇多部著作中所涉及的戰略和戰術原則幾乎包羅無遺了。」他首先把孫子的「不戰而屈人之兵」的「全勝」思想引進現代的核戰略。他說：「最完美的戰略，也就是那種不必經過嚴重戰鬥而能達到的戰略——所謂不戰而屈人之兵，善之善者也。」美國國防大學戰略研究所所長、著名戰略學家約翰・柯林斯將軍推崇「孫子是古代第一個形成戰略思想的偉大人物」。他根據孫子的戰略思想，提出「大戰略」的概念。這一概念，除了軍事因素之外，還「包括威脅、談判、經濟詐騙和心理戰等內容」。在他看來，這一概念是孫子「不戰而屈人之兵」思想的新發展。根據這種「大戰略」的思想，他在七〇年代初就批評美國政府忽視了孫子「上無戰謀」的英明忠告，愚蠢地投入了越南戰爭。

8 關於《孫子兵法》求全的思想，可參吳順令〈《孫子兵法》求「全」思維之探討〉，《中國學術年刊》二十七卷春季號，二〇〇五年三月，頁四七—六二，二八三。

掌握在自己手中，而要戰勝敵人，必須等待敵人露出破綻，這樣主動權就落到自己手中了。

根據是否掌握主動權的情況，孫子認為戰爭的目的首先是「自保」，其次才是「為勝」。所以孫子才強調：「故用兵之法，無恃其不來，恃吾有以待也；無恃其不攻，恃吾有所不可攻也。」（〈九變〉）

## 【古代戰爭實例】

漢代的趙充國奉命要對羌族的反叛予以彈壓。但大軍兩萬人到了邊境金城後，他卻按兵不動。將士們各個想要立戰功，都要求他趕緊出兵。可是趙充國認為情況不明朗，得弄個清楚明白才行。為了站穩陣腳，取得不敗之地，他先是派了三個分隊在夜裡偷偷渡河，在河對岸扎營，等到天亮後再率領主力部隊渡河，藉由大軍壓境之勢，迫使反叛的羌族軍隊暫不敢動彈。

接著趙充國派出許多偵察兵到四處偵察敵情，發現四望峽竟然沒有羌兵把守，便趁機分兵一部穿過峽谷，直接逼進羌族附近的漢西部都尉府，此舉等同是繞到了羌人的大後方。至此，漢軍對羌族已經完成包圍之勢。羌人知道後，大驚失色，急忙反擊無果。雖然漢軍取得幾次小勝利，但趙充國要將士們不要追擊，緊守營寨便可。

遭受幾次敗仗後，羌族內部矛盾激化。原來羌族全體對於是否要反漢，意見很不統一，有許多小部落都是受到其中的先零羌要脅才起兵的。趙充國知道這件事後更是閉守營寨不出，整天殺雞宰羊，犒賞三軍，漢軍的士氣十分高昂。

一開始在先零羌要反漢時，罕、幵部落的首領靡當兒叫他的弟弟雕庫到西部都尉府揭發此事。當時都尉為求慎重，並沒馬上讓雕庫回去，而是將他扣為人質。趙充國知道雕庫還在都尉府，便讓他回去轉告各部落首領，表明漢軍來勢洶洶，一旦打仗，是要死人的；漢軍此次前來並不為消滅羌族，只是想討伐有罪的主謀。如果不反抗，更倒過來幫助漢軍，將給予大大的賞賜。果然趙充國此舉順利的招降了罕、幵等部落，從內部瓦解羌族聯軍，很快的就平定了羌族之亂。

## 【觀念運用於治安工作】

我在臺北市刑大擔任職時，臺灣社會接連發生幾起重大的刑事案件，某政黨婦女文宣部主任遭姦殺棄屍，因為線索有限，遲遲無法鎖定可疑對象。另外某縣縣長竟然在官邸中遭人買兇殺害，還連累了當時一起在官邸裡開會的好幾個民意代表。但最讓臺灣人為之膽戰心驚的是綁架白姓電視節目主持人女兒的陳姓、林姓、高姓三名悍匪。

這三名悍匪其實早就是道上的頭痛人物，一則是他們不屬於任何幫派，沒有任何組織、社團管得住他們；二則是他們完全沒有江湖道義，管你背景如何，在黑道或白道之間怎麼吃得開，只要與他們的利益有衝突，完全沒有在跟你客氣的。一時之間黑道白道乃至一般老百姓風聲鶴唳。人民因為三大案，對臺灣治安的印象特別不好，警界高層因而被叮得滿頭包。

其實這個悍匪集團在犯下綁架白主持人之女案前，就因得罪道上各路兄弟，到處逃亡，為了籌措跑路費，犯下白案後也陸續向許多有錢人家和政治人物勒索了不少金錢。因為受害者受到恐嚇，未必全都向警方報案。嘗到甜頭，悍匪集團更加膽大妄為。

為杜社會悠悠眾口，警方追查的力道可不小。就算悍匪中有人熟悉野外逃生術，常在警方圍捕中成功逃入山區躲藏，警方仍然鍥而不捨，終於在五常街槍戰中擊斃林嫌。只是沒想到在逃的陳嫌與高嫌感受到警方追緝的壓力，竟找上方醫師進行整容，術後為了不被追蹤，更殺了方整形醫師一家人滅口。

因二人殘忍行徑，更堅定了警方非把他們繩之以法不可的決心。見高嫌性喜漁色，警方掌握了高嫌習慣出入的風月場所，果然沒幾日即發現其行蹤並將其圍困。高嫌眼見逃脫無望，遂舉槍自盡。至此，陳嫌為唯一活口，許多案件的關鍵必須得活抓他才能確定；另外數名涉案的親友犯嫌，涉案情況到底有多深，也有待陳嫌加以釐清。所以警方撤下天羅地網，希望能抓到活口，逼陳嫌出來投案。

或許是被警方逼急了，某天夜裡，陳嫌竟然狗急跳牆，潛入南非駐臺卓武官的官邸，並挾持武官一家四人做為人質。這樣偏激的反應是警方始料未及的。因為挾持事件發生在本轄，所以由我出面指揮。不過我剛到前進指揮所，還沒弄清楚各單位在本處的部署，也才剛和陳嫌通上電話，陳嫌就在官邸內和意圖進入一探究竟的特警發生槍戰。

本來在電話裡和陳嫌稱兄道弟，他的心情已經稍稍平復，眼看可以用談判化解這場危機，沒想到竟然擦槍走火，這是我始料未及的。這場槍戰中卓武官跟他女兒受了傷，我在屋外大喊，希望能先釋放受了傷的人質。陳嫌一開始還要醫護人員進入屋內治療，但這種情況，不要說醫護人員，連受過訓練的特警也不敢貿然進去呀！

後來在我與之協商了許久之後，陳嫌同意由我帶走受傷的二人。我前腳才離開官邸，再要打電話進去，已經完全撥不通。原來在陳嫌跟我斷話後，各家電視臺開始打電話進官邸輪流採訪陳嫌，警方的電話完全插撥不進去。就這樣陳嫌在各大電臺的訪問中大吐苦水，一下子說警方誣陷，一下子說自己被警方約談的妻舅無辜等等。

當然陳嫌利用媒體想要塑造自己悲劇形象的動機我們不是不知道，但想到這樣可以讓他把心中的話講出來，讓他得以釋放壓力，同時我們也可以伺機從中選擇能夠用來展開談判的材料，這也不是全然沒好處。可當後來電視臺問到他何時要自殺，這可是會讓陳嫌採取玉石俱焚手段的禁忌話題，我們便趕緊切掉官邸線路，並謀定下一步的對策。

現在這種情況，要是硬碰硬，肯定會把場面搞得很難看，雖然警力部署方面，我們是取得壓倒性的優勢，但陳嫌手上有人質，加上他帶了大量的軍火在身邊，如果陳嫌視死如歸，要爭個魚死網破，剩下來的一大一小二個人質必死，意圖攻堅的同仁也可能在駁火過程中有所傷亡。真走到這一步，我對人質以及傷亡同仁的家屬很難交代。於是我想到《孫子兵法》中的「不戰而屈人之兵」。讓對方知道敵我的實力落差，分析利害，並釋放一點好處，希望陳嫌知道自己的處境後能棄械投降。

於是我和幾位同仁分析陳嫌與電視臺主播們的對話，發現他對媒體的訴苦內容裡，看得出來他最放心不下他的妻子。為了軟化陳嫌的態度，我們趕緊將陳妻接來，由她來進行溫情喊話。陳妻進入官邸後，果然陳嫌的態度有所改變，在律師兼立委謝某答應為其妻辯護後，陳嫌便交出身上的長短槍械給我，超過二十四小時的挾持事件終告平和落幕。

# 貳・《孫子兵法》戰術觀念及在治安工作中的應用

# 一、速戰速決：兵貴勝不貴久

## 【原文摘錄及解析】

**其用戰也，貴速勝，久則鈍兵挫銳，攻城則力屈，久暴師則國用不足**[1]。夫鈍兵挫銳，屈力殫貨[2]，**則諸侯乘其弊而起**，雖有智者，不能善其後矣。故**兵聞拙速**[3]，**未睹巧之久也**。夫兵久而國利者，未之有也。故不盡知用兵之害者，則不能盡知用兵之利也。（〈作戰〉）

鄒按：戰爭打的不是飛機、大炮，而是錢，打久了除了士氣大挫，國力也會被拖累，久了非輸不可；同時也使得第三方有可乘之機。

1 「暴師」，軍隊在外，蒙受風雨霜露。《漢書．五行志中之上》：「先是大鴻臚田廣明征益州，暴師連年。」〔宋〕葉適《外論二》：「暴師淮水之上，久未有功。」

2 「殫」，盡，竭盡。《晏子春秋．問上十二》：「今君稅斂重，故民心離；市買悖，故商旅絕；玩好充，故家貨殫。」〔唐〕王昌齡〈代扶風主人答〉詩：「老馬思伏櫪，長鳴力已殫。」

3 「拙速」，拙於速戰速決所造成的失誤。

從戰爭與經濟關係這一角度觀察問題，孫子認為進攻速勝至關重要。〈作戰〉篇指出：「凡用兵之法，馳車千駟，革車千乘，帶甲十萬，千里饋糧。則內外之費，賓客之用，膠漆之材，車甲之奉，日費千金，然而十萬之師舉矣。」類似的論述也見於〈用間〉等篇。它們表明，從事戰爭所損耗的財力、物力，數量大得驚人，對國計民生來說，不只是極其沉重的負擔，雖可暫時支撐較短的時間，但如果時間一長，各種嚴重的後果便會紛至沓來，使國家陷於不可自拔的困境。

孫子深切領會到戰爭對經濟的依賴關係，計算出「十萬之師」遠征他國，要「日費千金」，任何國家都經不起這樣長期的戰爭損耗（〈作戰〉）。所以孫子提出「兵貴勝，不貴久」的用兵原則。孫子強調進攻速勝，同時也是基於對當時列國戰略格局的認識。春秋時期，諸侯林立，競相爭霸，關係錯綜複雜。在這種情況下，如果某一國長期從事征戰，就會給第三國帶來可乘之機，最終使自己陷於兩線作戰的被動局面，出現所謂的「鷸蚌相爭，漁翁得利」（《戰國策・燕策二》）的情況。[4]

4 黃樸民〈孫子制勝之道綜說〉，《軍事歷史研究》一九九五年二期，頁一四七。

所以孫子主張「兵貴勝，不貴久」。此主張除了直接降低戰爭成本和減少第三國趁虛而入的機會外，也可讓敵對一方措手不及，製造戰場優勢，減低我方傷亡，並能在最小成本內取得最大戰爭成果。

## 【古代戰爭實例】

先是後梁大將段凝出兵順利奪取原屬後唐的衛州，同時期契丹軍隊也時常侵擾後唐的幽州，雪上加霜的是後唐的潞州守將李嗣昭之子李繼韜又投降後梁。連番軍事上的失利，讓後唐舉國上下人心惶惶。

但沒多久，駐守後梁鄆州的將領盧順投降後唐，並帶來了重要的軍情——原來位於後梁中心地帶的鄆州，守城士兵只有不到一千人，主將又不得人心，後唐如果有心，可以派兵將其攻下。

得知此一重要消息，後唐大將郭崇韜卻顯得太過慎重，他認為鄆州離後唐太遠，孤軍深入，恐怕會有意外。但此時後唐實在太需要一場勝仗，另一名後唐將領李存勖則認為後梁正在高興原屬後唐的西面潞州剛剛投降，並沒注意到東面的鄆州，這正是趁機襲占鄆州的好機會。因此他讓手下李嗣源率五千精兵沿著黃河向東急行軍至楊劉，在夜色掩護下順利渡過黃河到達南岸，即揮師向鄆州直衝而去。守城梁軍哪裡料到後唐在這節骨眼會出兵偷襲？只得乖乖把城池雙手奉上。

沒有鄆州當掩護，從鄆州到後梁首都大梁完全沒有天險可以據守，於是李存勖下令所有精銳從楊劉渡過黃河，與在鄆州的先鋒軍會合，子夜時分利用夜色跨過汶水後，即命李嗣源為先鋒進行總攻擊。從主力出兵到與梁軍正面交鋒，不出二天時間，前來抵禦的梁軍沒充分備戰，後唐軍大獲全勝。

此時後梁人心惶惶，最是後唐用兵之機，但李存勖手下卻有將領認為，傳說作為後梁重心的汴州守備空虛，但不知是真是假，進軍之事得再做商量；李的另二位部領康延壽與李嗣源則主張要日夜行軍，速速進逼，趁梁軍喘不過來時加以攻擊。李存勖採用後者的建議，要唐軍騎兵先行圍攻曹州，果然梁軍守將全無妨備，只能投降。占領曹州後，唐軍並不停留，馬上向西奔襲，殺進汴州。

後梁皇帝朱友貞知道曹州失陷，還來不及傷心，沒想到後唐軍隊已殺到眼下。滿朝文武紛紛逃亡。朱友貞無力回天，最後只得與忠臣皇甫麟一起自刎殉國，後梁亡。

## 【觀念運用於治安工作】

我在東勢警分局某派出所服務時，轄內發生了兩派人馬談判不成互毆，造成一方未成年成員死亡的案件。動手傷人致死的羅嫌雖然已經緝捕到案，但在臺中地方法院判處羅嫌十一年徒刑確定後棄保潛逃，遭臺中地方法院地檢署發布通緝。

本來交保後犯嫌若得知遭到重判，逃亡的機會本來就很大，我在曉得羅嫌棄保之後並未感到太大意外。只是擔心羅嫌本來就是性格暴戾之人，犯的又是傷人致死罪，如果還在本轄流竄，或許在走投無路的情況下會犯下更嚴重罪行也說不定。

因此，我提醒所內同仁把羅嫌的大頭照認清楚，在路邊攔查到與羅嫌相像的可疑分子時，若對方未帶身分證件，一定要用警用小電腦裡的人臉辨識系統進行驗證；如果還驗證不出身分，務必帶到所裡來進行二次確認，不得馬虎。同時擔心羅嫌會做困獸之鬥，我也提醒同仁們在路邊攔查時要特別注意自身安全。

光是這樣在路邊亂槍打鳥，恐怕無法有效查緝到羅嫌，所以另一方面我在休假期間也到處明查暗訪，像是去羅嫌喜歡出沒網路咖啡店、漫畫店和彈子房，探探這些店的老闆口風，希望可以問出些有用的線索。

果然皇天不負苦心人，當我在某網咖與櫃臺小姐閒聊時，來加點泡麵的一位熟客聽到我談到羅嫌，便說他和羅嫌曾經在連線遊戲中屬同一戰隊，前二天才在新社郵局看到他；當時看到羅嫌氣色不太好，這名熟客還跟他寒暄了幾句。

知道殺人通緝犯羅嫌躲藏在新社一帶，我精神為之一振，趕緊返回所內，請同仁通知新社該轄派出所，我也帶上同仁到該地與該所員警布線查緝。說也湊巧，才剛派出機車巡邏員警到處查訪，就在路上發現羅嫌騎乘機車遊盪。只是沒想到羅嫌也在後照鏡中發現警用機車的紅藍警示燈，即一溜煙的鑽小路跑了。

附近警網聽到無線電通報後很快的趕到我們發現羅嫌的路口，所以我手上能運用的人手是很夠的。但我心想羅嫌在此地土生土長，什麼小路他不清楚？這麼大批警用機車鑽進小路追捕，一則危險，二則怕會傷害到其他用路人。於是我當機立斷，把也是當地人的同仁小許叫來，攤開擺在機車坐墊下的臺中縣地圖，問小許說：「如果你要用最快的速度離開新社，進入警方難以追捕的山區，你會走哪條幹道？」小許想都沒想，指著地圖上的華豐街說：「當然走這裡，再接協中街，上矮山坑後，山上一堆產業道路和小路，不要說警察，連在地人進去這裡也都容易迷路！」

為了不讓羅嫌逃進山區，我想到應用《孫子兵法》「兵貴勝不貴久」的做法，此次追捕一定要速戰速決，避免橫生枝節。所以我跟在場的所有同仁說：「小路不用鑽了，所有人全部把警示燈亮起，火速趕到華豐街跟協中街口埋伏。」

一到華豐街與協中街口，我讓所有同仁把警用機車藏到騎樓或小巷子裡，靜待羅嫌出現。果然沒多久，看到羅嫌一臉輕鬆，自以為擺脫警方的表情，慢慢的往華豐街與協中街口這裡騎來，還悠哉的停等了紅燈。眼見機不可失，蹲藏在騎樓機車及柱子後的我們一擁而上，有的拉龍頭，有的拔鑰匙，有的壓制羅嫌，終把他逮捕歸案。

在解送過程，基於好奇，我也詢問了羅嫌如何可以躲藏這麼久，原來他和同案在逃的張嫌一直躲在華豐街與興義街口的一間出租套房內，平日深居簡出，只有吃飯才會離開套房。我馬上聯絡其他同仁前去探查，沒多久就收到回報，睡夢中的張嫌也順利手到擒來。

# 一　先藏後動：藏於九地之下、動於九天之上

## 【原文摘錄及解析】

**善守者，藏於九地之下；善攻者，動於九天之上。**（〈軍形〉）

鄒按：懂得防守的，能把實力隱藏在看不見的地方；懂得攻擊的，能使自己的士兵像天降神兵那樣，讓敵人難以捉摸。

**故善攻者，敵不知其所守；善守者，敵不知其所攻。微乎微乎，至於無形，神乎神乎，至於無聲，故能為敵之司命。**（〈虛實〉）

鄒按：懂得攻擊的，敵人根本搞不清楚你從哪打來；懂得防守的，敵人根本不知道該從何下手。

孫子認為，攻守要著眼於迷惑對方造成錯覺。進攻時，變化無常，使敵人不知道怎

樣防守好；防禦時，隱秘莫測，使敵人不知道怎樣進攻好。這就是他在〈軍形〉篇所說的：「善守者，藏於九地之下；善攻者，動於九天之上」，以及〈虛實〉篇說的：「故善攻者，敵不知其所守；善守者，敵不知其所攻。」[1]

迷惑敵人需要「形人而我無形」（〈虛實〉）。[2]「形」就是通過各種偵察手段，瞭解敵情，暴露敵形，這是「知彼」；如果偵知敵人的情形對我不利，則要通過各種迷惑、欺騙、挑逗等謀略手段，調動敵人，使敵人暴露兵力部署和作戰企圖，按照我方的意圖行事，這是「動敵」。用兵必須因時、因地、因敵、因勢靈活變換戰法，不能以不變應萬變。達到「因形而錯勝於眾，眾不能知。人皆知我所以勝之形，而莫知吾所以制勝之形」（〈虛實〉）的理想境界，確保軍力得到最有效的發揮。[3]

做到「形人而我無形」，敵在明，我在暗；我知敵，敵不知我；我集中兵力對敵，敵人得分兵處處防我；我知道戰時戰地，敵不知道戰時戰地；敵人對我處處防備，則兵

1 另可參陳美容〈《孫子兵法》權變領導理論研析〉，《嘉義大學通識學報》七期，二〇〇九年十二月，頁三五九—三七八。
2 「形人」，使敵人現出原形。
3 劉春志、李曉玲〈孫子形勢論及其歷史影響〉，《濱州學院學報》二六卷五期，二〇一〇年十月，頁六五。

力處處分散，最後取勝的形勢就是「若決積水於千仞之溪」、「如轉圓石於千仞之山」了（〈軍形〉）。

## 【古代戰爭實例】

反秦大軍起義後，勢如破竹，秦軍根本不是起義軍的對手。全中國境內只剩關中還在秦國的實際掌控中。為此，身為起義軍重要首領的項羽就對各路起義軍的領袖立下盟誓，答應誰先攻入關中秦都咸陽，誰就封為關中王。

沒想到最先進入關中的，竟然是項羽最忌憚的劉邦。劉邦進入關中後，與百姓約法三章，並不騷擾百姓，很快地得到群眾們的支持。結果項羽見此自毀盟約，既不願意讓劉邦當關中王，也不想讓他回到老家沛縣，便故意把經營難度最高的巴、蜀和漢中封給劉邦。同時再把關中分成三部分，分給先秦降將章邯、司馬欣和董翳三人，想利用他們三人看住劉邦，避免劉邦勢力向東發展。

當下劉邦懼於項羽的威勢，只好勉為其難的赴任。不過由於所封之地生活太為艱苦，赴任的過程中，很多部下都逃走了。為了向項羽輸誠，劉邦接受張良的建議，把走過的棧道全給燒了。而蕭何向劉邦推薦的將才韓信，他也病急亂投醫地重用了。

等到劉邦回過神來，即要求韓信設想東進的計畫。要走出巴、蜀進到中原，必先進入關中，於是韓信第一步就是要打敗關中的先秦三降將。為了誤導三將的判斷，韓信先假意派出幾百名官兵去修復棧道。鎮守緊連巴、蜀的關中西部守將章邯得知此事，認為修棧道曠日費時，心理上便對劉邦軍隊完全沒有防備。誰知道沒多久，章邯接到急報，劉邦大軍已占領陳倉。原來韓信明修棧道，暗渡陳倉。由於章邯完全沒有準備，倉促應戰自然來不及。戰情失利，章邯被迫自殺，其他二名先秦降將司馬欣和北董翳也就相繼投降。作為軍事重地的關中地區一下子便被劉邦給完全控制了。

## 【觀念運用於治安工作】

我還沒調到高雄某派出所服務前，便聽說因為高雄工業區多，藍領階級人口比例也高，所以市內聲色場所不少。合法經營、提供菸酒給人消遣的有，但進行不法性交易的也混雜在其間，管理起來頗有困難。

果然在我到任後，就接到不少檢舉黑函與電話。過濾掉其中假檢舉之名實則惡意中傷同業的假情報後，發現很多情資都指向我轄內的一間汽車旅館。這些檢舉大同小異，都提到該汽車旅館出入分子複雜，也常看到濃妝艷抹、穿著清涼的女子頻繁出入，懷疑這間汽車旅館掛羊頭賣狗肉。

資料整理完畢，我問了所內同仁是否曾到該處臨檢。同仁表示該汽車旅館門禁森嚴，必須先電話預約才能進入，而且不是熟客或經熟客介紹，不得其門而入。之前也曾幾次突擊臨檢，都被擋在門外，進入搜查時，也查不到什麼不法事證，幾次下來都無功而返。

為了摸清楚這間汽車旅館的運作方式，我行了一紙公文，請局裡負責網路巡邏的員警幫我到各大論壇看看，是否有哪個限制級論壇的熱門文章討論高雄聲色場所。過了一個多禮拜，網路巡邏的結果回傳到所內，原來該汽車旅館早就艷名在外，網路討論熱度十分之高。性好漁色的高雄在地網友都戲稱該處汽車旅館為「保養廠」——因為他們約定全套、半套性服務的交易暗號為「大保養」跟「小保養」。

原來應召集團租下該汽車旅館相鄰的房間十間，當作性交易場所，還包下總統套房做為小姐休息區及工作室。為了鞏固客源，該應召站更比照高鐵，提供打八折的「早鳥優惠」，只要嫖客利用每天下午一點以前的冷門時段消費，就能取得優惠。

為了避免警方查緝，交易除了電話確認外，當嫖客抵達汽車旅館前，要進入交易的房間號碼，應召站會事先簡訊告知，嫖客根本無需在櫃臺耗時登記身分，只要直接開車進入便可，如此可減少被熟人認出來的風險。應召女則從旅館的送餐專用通道，推開暗門，直達客人的房間內進行性交易。為了降低被查獲的風險，只有客人到了旅館房間以後，小姐才會利用旅館的送餐通道與客人碰面。

「保養廠」為了周全服務顧客、保護客人隱私以及躲避警方查緝的各種做法與設計，實在讓人佩服。但轄內有這麼一個討論度如此之高的應召站，叫我面子怎麼掛得住？可是該汽車旅館又固若金湯，如要強攻，可能還來不及進入搜證，嫖客、應召女早就從暗道逃光，萬一一無所獲，還落了個擾民的罵名，更加麻煩。

前一陣子在電視裡看到電影「木馬屠城」復刻版的重播，我突然靈光一閃：「《孫子兵法》不是也說用兵要『藏於九地之下，動於九天之上』嗎？」我也來依樣畫葫蘆好了。於是我從網路巡邏取得的資料裡，推測與「保養廠」約定交易的行話有哪些，再用私人電話撥過去約定交易。對方聽我用語一付熟門熟路的樣子，就跟我約好了早鳥優惠時間。

另一方面我也跟民間友人借了一臺福斯九人座的車子，交易當天先把自己打扮得流裡流氣的樣子——吊嘎啊、海灘褲、夾腳拖、香煙夾在肩上，再在後車廂安排了六名荷槍實彈的便衣同仁。

因為車窗貼滿了反光貼紙，外人察覺不到我載了六名員警，我果然順利地將車開進汽車旅館與應召站約定交易的房間。等到應召女從送餐專用通道走進來，我先控制她的行動，再命同仁們從送餐通道一間間去搜索其他房間，當場查獲五對男女正在進行性交易。最後順利將應召站業者依妨害風化罪送辦，至於嫖客及應召女則依《社會秩序維護法》各裁處一千五百元罰金。

# 一靈活調動：奇正相生一

## 【原文摘錄及解析】

**凡戰者，以正合，以奇勝**。故善出奇者，無窮如天地，不竭如江河。終而復始，日月是也。死而復生，四時是也。聲不過五，五聲之變，不可勝聽也；色不過五，五色之變，不可勝觀也；味不過五，五味之變，不可勝嘗也；**戰勢不過奇正，奇正之變，不可勝窮也**。（〈兵勢〉）

鄒按：用正常打法容易只打出個和局；要致勝一定得靠出人意表的用兵方式。正常與不正常的打法交互使用，敵人永遠猜不透我要怎麼出手。

故兵以詐立，以利動，**以分合為變者也。故其疾如風，其徐如林，侵掠如火，不動如山，難知如陰，動如雷霆。**掠鄉分眾[1]，廓地分利[2]，懸權而動。先知迂直之計者勝，此軍爭之法也。（〈軍爭〉）

鄒按：兵力調動有時要像風吹那樣快，有時則要像樹林那樣不急不徐、有時要像火那樣猛烈、有時要像山那樣穩重、有時要像雷那樣霹靂—只有靈活應變才能得勝。

在〈兵勢〉篇裡，孫子用「奇正相生」來概括和闡述了他的軍事權謀思想。所以孫子說：「三軍之眾，可使必受敵而無敗者，奇正是也。」所謂正，指正面當敵之兵，引申為戰爭活動中的正規原則；奇，本指斜出旁出之兵，引申為戰爭活動中靈活機動的原則。奇與正是對敵我雙方軍事活動的眾寡、強弱、虛實、治亂、攻守等的概括和昇華。

1 「鄉」，基層行政區劃名。周制，一萬兩千五百家為鄉；春秋齊制，郊內兩千家為一鄉；春秋戰國楚制，兩千家為一鄉。

2 「廓」，擴張；開拓。《荀子．修身》：「狹隘褊小，則廓之以廣大。」〔漢〕桓寬《鹽鐵論．論勇》：「廓鄷鄗以為天下。」《方言．第一》：「青幽之間……張小使大謂之廓。」

「奇正相生」、「奇正之變」即指原則性與靈活性、一般與個別的統一。[3]

《孫子兵法》中的奇正，具體指的是方陣戰術，但從抽象意義上面來看，按照通常的戰術原則，以正規的作戰方法進行戰鬥的，都可叫做正兵。根據戰場情況，運用計謀，攻其無備，出其不意，打敵人措手不及，不是採用正規作戰方法，而是採取奇妙的辦法作戰的，都可以稱為奇兵。奇兵也就是現代人講的出奇制勝。

孫子說：「戰勢不過奇正」，實質上就是在兵力物資使用、作戰方法和作戰形式上，常法與變法結合運用，使奇正相生，變化無窮，讓敵人捉摸不定，再在其中取得我軍的優勢，製造敵人的劣勢，從而獲得勝利。

## 【古代戰爭實例】

隋朝滅亡，天下大亂。軍閥勢力之一的王世充原是隋朝東都洛陽守將，煬帝死後，他自立為帝，建國號鄭，並利用李淵所率領的唐軍在河東作戰，無暇顧及東部的機會，

3 陳立明〈淺論中國古代謀略文化〉，《山東社會科學》一九九八年四期，頁五一。

奪取唐朝在河南的部分領地。唐朝站穩陣腳後，李淵環顧中國境內，只剩唐、鄭，以及竇建德所建立的夏。為了成為中原霸主，李淵制定了先滅鄭，後亡夏的策略。因此，李淵派出最驍勇善戰的兒子李世民，領兵八萬向東前去，意圖一舉滅掉王世充。同時向西派遣使者，想與竇建德修好，讓他不要出兵幫助王世充。

經過八個月的作戰，唐軍近逼鄭國重要腹心之地洛陽，並占領軍事要地虎牢關。本來屬於鄭的河南五十餘州也相繼歸降唐朝。當下李世民佔盡優勢，成功包圍洛陽。但王世充哪裡肯輕易投降？坐困愁城當下，數次派出使向夏求救。

當竇建德從鄭使者那裡得知洛陽被唐軍圍困，即將亡國的消息後，考慮到唇亡齒寒，於是決定聯合鄭國的殘存部隊，一東一西夾擊唐軍。竇建德此舉，表面上是好意幫助鄭國，其實他是打著待到鄭國疏於防備，先滅鄭，再襲取天下的算盤。於是竇建德親率大軍十餘萬西進。

由於唐軍主力在西，東面疏於防備，果然讓夏軍接攻克管城、滎陽、陽翟等地，迫近到虎牢關的東面。李世民部將們按兵法常理，各個向李建議速速退避夏軍。但李世民想要不按常理出牌，決定從包圍洛陽的部隊裡抽兵回頭，穩據虎牢關要地，阻止夏軍向西。

由於虎牢關地形險惡，夏軍一時間討不到便宜，多次作戰不利，士氣低落。李世民得知夏軍無心作戰，於是引誘竇建德出戰。竇建德正愁大軍出征，在此地竟毫無斬獲，搞到軍心動搖；所以一見到唐軍的引誘，果然全部出動。誰知夏軍此舉正中李世民下懷。李馬上下令騎兵隊出其不意，單刀直入，衝入夏軍帥帳。竇建德當時正和群臣議事，萬萬沒想到唐軍居然單刀直入，奇襲而來，一時陣勢大亂。唐軍便趁亂追擊三十里，連同竇建德在內，一併俘擄了五萬多人。等到李世民回軍洛陽時，王世充知道前來救援的夏軍也被消滅，就開城投降了。至此唐王朝的統一事業基本完成。

## 【觀念運用於治安工作】

我在基隆廟口夜市旁某派出所服務時，因為轄內有座十分知名的夜市，從早到晚觀光客絡驛不絕。加上本地路狹車多，本所的勤務主要集中在交通指揮、違規車輛舉發、協助夜市攤商管理和夜市巡邏這幾大項，雖然事情比較雜，但危險性較低，所以工作上的心情是比較輕鬆的。

某天我接到三分局偵查隊的電話，指出轄內某大樓某樓層一整層被人租了下來打通，布置成大型天九牌賭場，要我們配合查緝。為了行動成功，我和幾位同仁先換上便服到該處查訪，發現此處要搭電梯上樓得在警衛室登記；從警衛室裡的樓層監視器可以看見賭場大門被換上不鏽鋼大門，外面也架了二臺拍向不同角度的監視器。而且當賭場主持人發現大樓進出的陌生人變多時，還十分有警覺性的讓賭場休業幾天避風頭，這些都增加了我們查緝的困難。

我把現場勘察到的資訊回報到偵查隊後有段時間沒有回音。當時心想：「隊上不會是知難而退了吧？這種三天捕漁二天曬網、打游擊經營方式的賭場最難抓，必需要有特殊的時機或確切的線報才能一戰告捷。」二周後，正當我在關心電視裡播報的侵臺颱風動態，所裡公務電話響了，來電的是我刑事系的學長——局裡的孔偵查隊長：「學弟，機會來了。什麼叫『出其不意』你曉得嗎？之前那間賭場不是很難處理嗎？現在颱風要登陸了，賭場主持人一定以為我們都去支援救災勤務啦！我們就趁這個機會，來個『出奇制勝』。你先叫所裡同仁準備準備，我待會再過去跟你們說明。」沒想到學長也讀《孫子兵法》，看到颱風新聞，再加上學長提到「出奇制勝」，我約略已經猜到學長想要怎麼做了。

沒多久孔學長和隊上同仁趕到，他計畫在颱風天的夜裡行動，一則賭場主持人會認為警察忙著救災，沒空抓壞人。二則夜裡賭客正賭得昏天暗地，不太會注意到外頭的動靜。三則氣侯條件不好，多少干擾賭場的監視器畫面，穿便服的同仁就容易被誤認為是同大樓住戶；只要被誤認，就有機會更靠近賭場（聽到這裡，我心中OS：學長的計畫與我的初步發想是吻合的）。學長接著分配任務：而整個行動，由孔學長指揮他隊上同仁擔任主攻，我和所內著制服的同仁則要配合演一齣戲，在大樓外的巡邏箱簽到後若無其事的離開。

果然多日未做生意的賭場主持人林嫌見颱風登陸，機不可失，還以為警方在颱風天的查緝力道較為鬆懈；看到我和所內同仁簽到離去後便放心廣發簡訊，邀請賭客們上門。天氣不好，賭客們在家悶得慌，接到簡訊自然來得踴躍。而當天夜裡風雨交加，賭場監視器效果果真受到影響，拍攝到的畫面變得比較差，主持人和小弟忙著招呼上門的賭客，一時之間也沒注意到生面孔。孔學長一行人很順利的就摸近賭場大門，觀察屋內聲響，確定賭場內正賭得如火如荼，學長他們馬上用特殊工具打開大門。

大門洞開，學長一行人迅速魚貫而入，大聲喝斥，賭客們還不曉得發生什麼事，學長一行人就順利控制住場面。隨後無線電傳來要在附近待命的我們馬上上樓支援的指令。經清查緝賭成果，共緝得賭客二十餘人、賭資二十七萬三千元、抽頭金四萬四千八百元、天九牌等賭博工具一批。訊後，林姓主持人及其小弟四人依賭博罪移送法辦，賭客則依《社會秩序維護法》裁處。

# 以逸待勞：致人而不致於人

## 【原文摘錄及解析】

**故善戰者，致人而不致於人[1]。能使敵人自至者，利之也；能使敵人不得至者，害之也[2]。**故敵佚能勞之，飽能飢之，安能動之。出其所不趨，趨其所不意。行千里而不勞者，行於無人之地也；攻而必取者，攻其所不守也。守而必固者，守其所不攻也。故善攻者，敵不知其所守；善守者，敵不知其所攻。微乎微乎，至於無形；神乎神乎，至於無聲，故能為敵之司命[3]。（〈虛實〉）

鄒按：善於作戰的人，懂得藉由威脅或利誘來控制敵人的行動。

1 「致」，控制。

2 「利」，誘之以利；「害」，驅之以害。

3 掌握命運。亦指關係命運者。《管子·國蓄》：「五穀食米，民之司命也。」《孫子·虛實》〔清〕張預注：「故敵人死生之命，皆主於我也。」

進而不可禦者，衝其虛也；退而不可追者，速而不可及也。**故我欲戰，敵雖高壘深溝，不得不與我戰者，攻其所必救也；我不欲戰，畫地而守之，敵不得與我戰者，乖其所之也**[4]。（〈虛實〉）

鄒按：我要敵人出面迎戰，敵人非來不可，因為我攻擊的是他的要害；我要敵人離去，敵人非離開不可，因為我讓他知道不離開將會損失慘重。

孫子的戰爭思想基本原則是：主動、求勢、爭全。而「主動」則是戰爭的最基本原則。正如先前所引〈虛實〉：「凡先處戰地而待敵者佚，後處戰地而趨戰者勞。故善戰者，致人而不致於人。」牢牢地把握主動權，是戰爭的最基本原則。

凡是先占據戰場而待機殲敵就可休息安逸、獲得主動，而後到達戰場則因快速急進而倉促應戰，勢必疲勞被動。所以善於指揮作戰的領導者，能擺布敵人，爭取主動，而不被敵人擺布，陷於被動。能促使敵人自動就範、進入我預設戰場，是以利誘騙敵人的

[4] 「乖」，違；「之」，所向、意圖。

結果，能使敵人不能前來進攻我軍，是用禍患來威脅敵人的結果。這就是「示形動敵」——示出假形，隱其真形，製造種種假象，造成敵人的錯覺，借以調動敵人，掌握戰爭的主動權。

「兵之所加，如以碫投卵者，虛實是也。」（〈兵勢〉）如果能夠做到處處主動，則就能夠有效地「避實擊虛」[5]；戰爭上的主動權，需要的是「先知」。即比敵方搶先知道己、彼、天、地，即前文提到的「知彼知己」——以蒐集情報和統整資訊為基礎和前提了。

## 【古代戰爭實例】

春秋時期，齊國宮內發生了一場叛變。齊襄公的堂弟公孫無知殺死襄公，自立為君。誰知數月之後，齊臣權臣雍廩又殺死了公孫無知。一時間齊國國內群龍無首。當

5 王向清〈論《孫子兵法》的謀略思想〉，《長沙水電師院社會科學學報》一九九五年一期，頁一四：「避實擊虛是實現易勝方略的唯一途徑。避實擊虛就是避開敵方堅實之處而敢擊其虛弱環節。」

時流亡在外的公子小白和公子糾都想趕緊回國繼承君位。公子小白先是詐死，再抄小路，早了公子糾一步回國繼承君位，他也就是日後重用管仲後，成為春秋五霸之一的齊桓公。

齊國的紛紛擾擾，身為鄰國的魯國並不做壁上觀；相反的，在爭奪君位的過程裡，魯國協助了公子糾。甚至還公開出兵護衛公子糾回國。此舉自然惹得初登君位的齊桓公很不高興，兩國外交陷入冰點。等到齊桓公在國內站穩腳步後，即想以大國之姿，給魯國一次教訓。雖然管仲加以勸阻，齊桓公還是堅持發兵伐魯，用以一報先前魯國幫助公子糾爭奪齊君大位之仇。

當時魯莊公在位，對於齊軍即將大軍壓境，感到十分恐慌，於是決定動員全國的力量，與齊軍一決勝負。為了給齊軍迎頭痛擊，魯莊公安排魯軍在長勺駐紮。列陣完畢後，魯莊公正打算利用齊軍陣腳不穩，傳令擂鼓出兵。沒想到曹劌連忙加以阻止。曹劌認為齊軍千里拔涉，十分疲累，魯軍只要堅守陣地，以逸待勞，齊軍自然會露出破綻。

魯莊公一聽，認為曹劌之計可行，便要魯軍按兵不動。齊軍這一方果然想要速戰速決，因為自認兵力遠高於魯軍，求勝應該不難，於是主動向魯軍發起進攻。誰知道齊軍接連三次進攻都在魯軍的嚴密防禦之下無功而返，一吋未進，自己戰力卻受損不少，士氣也因而受到了影響。曹劌見時機成熟，便要魯莊公進行反擊。由於齊軍體力耗盡，而堅守不出的魯軍士氣正是高昂，很快的一鼓作氣，便衝垮了齊軍的陣勢，大敗齊軍。

魯莊公見到齊軍敗退，搶勝心切，欲下令追擊，曹劌卻又阻止了他。曹劌接著跳下戰車，仔細察看地上齊軍撤退的車轍痕跡，發現痕跡混亂；曹劌又再登車遠望，看見齊軍的旗幟東倒西歪。種種跡象顯示齊軍並非詐敗而是敗逃，這才讓魯莊公追擊。在魯軍追擊之下，齊軍進一步受到重創，魯軍大獲全勝，這也就是歷史上著名的以少勝多的長勺之戰。

## 【觀念運用於治安工作】

我在新竹市愛買大賣場旁某派出所服務時，轄內煙毒犯較之別區略多。一則新竹地區居民所得較高，但工作壓力較大——很多人都在科學園區輪班賣肝；同時也有許多因為高鐵新竹站附近土地重劃後，變成爆發戶或富二代的紈綺子弟。這些人當中，有的為了工作提神，有的則是有錢沒地方花，便將心靈寄託在毒品上，所以此處的毒品市場欣欣向榮。從老派的海洛因、安非他命、紅中、白板，到花俏的三合一毒咖啡包、卡通造型搖頭丸、神仙水、浴鹽、FM2、K他命等等，本所都曾查緝過，簡直可以開一間毒品博物館了。

學校內流竄的主要是便宜的K他命；校內毒品犯罪十分好根除，原因在於校內藥頭大部分都還是在學身分，背景好掌握；加上推銷都是靠同學口耳相傳。在學生又比較沒社會歷練，抓到幾個人，再進行隔離偵訊，很容易校內整個販毒用藥的上、中、下游就能一網打盡。

但社會人士販毒用藥就不是這麼好查緝了。因為賣、買雙方聯絡接觸的管道更多，交易地點也不像校園這麼封閉，更難掌握。加上新竹本地居民不止所得高，普遍學歷也較高，如果有心走歪路，和警方鬥智的功力要比一般罪犯要高上許多，因此，面對這類毒品犯罪，就得要花好多時間布線，才能增加緝獲的把握。

除去校園的情況，社會人士進行販毒交易一般有二種交貨方式：其一是約定隱密地點一手交錢一手交貨。只要線報正確，或者對買方、賣方的跟監落實，這類交易很容易查獲，而且毒品、買家、賣家都在，可以科處以較重的販賣毒品罪責。其二是賣家跟買家約定地點並先行取得貨款後，即在約定地點丟包，買家再前去拾取。此舉可以避免被警方人贓俱獲，不管毒品在誰手上，只要聲明自用而非販賣，初犯通常罰錢、接受勒戒就能了事。這種交易方式最讓人頭痛。不過因為丟包會增加遭不知情第三人拾走的風險，所以還是有不少習慣貨款入袋為安的毒販，寧可採用較易被警方查獲的面交方式交易。

這幾個月轄內接到毒品面交以及丟包交易的通報同時減少，讓我有點摸不著頭緒。仔細分析，轄內也沒出現讓毒品交易必須轉移到其他地區的重大事件。過沒二天，一條新情資進來，這個疑惑有了解答——原來毒販怕丟包被人撿走，又擔心面交被警方一網打盡，便把腦筋動到愛買大賣場的臨時寄物櫃身上。

這類寄物櫃由於設置於公眾場所，使用周轉率也高，究竟是誰在使用哪個寄物櫃，並不會特別引來注意——不像泳池旁寄物櫃，裡頭放著泳客的身家，泳客會一邊游泳一邊盯著櫃子看。加上投幣後可以設定密碼上鎖，櫃內東西有了基本保障，竟然被我轄內王姓毒販相中，利用它來販毒。

王嫌先跟買家約好時間，再與女友到愛買寄物櫃將毒品放入，隨即通知買家取貨。買家再來依電話所言密碼開啟寄物櫃，取走毒品，放入貨款，重新依原密碼鎖上，之後賣家再來開櫃取款即可。

這種新型態的交易方式，賣家與買家的動向都很不好掌握，唯一跑不掉的只有那包毒品。我想了想：「何不採取《孫子兵法》『致人而不致於人』這條計策呢？」既然賣家與買家最關心的就是那包毒品，只要我控制了毒品，就等於能控制、預測賣家與買家的行動，要將他們一舉成擒還會難嗎？

想到這裡，我先到賣場，請管理人員說明寄物櫃的操作原理，並請他們利用他們管理人權限鎖定幾個王嫌習慣用來交易的寄物櫃。接著讓同仁輪班在此埋伏。果然沒出三天，就看到王嫌偕同女友，將放在牛皮紙袋裡的一大包毒品放進寄物櫃，並以電話通知買家。

待王嫌離開後，我趕緊要賣場人員將該寄物櫃鎖上並更改密碼，然後繼續埋伏。不出一個鐘頭，買家出現，依他在賣家電話中所交代的密碼想要開啟寄物櫃。沒想到開了兩、三次都不成，買家急了，打售後服務電話給賣家抱怨。不出一刻鐘，賣家王嫌也到了，他試了幾次先前設定的密碼，一樣打不開，便氣急敗壞地喚來管理人員前來理論。

當然此時從管理處走出來的不會是管理人員，而是我們著便服的同仁，大伙一擁而上，賣家、買家及毒品一次查獲。王嫌想要辯解他不是毒販也是不可能的事了。

# 一 趁虛而入：避其銳氣擊其惰歸 一

## 【原文摘錄及解析】

夫兵形象水，水之形，避高而趨下；**兵之形，避實而擊虛**。（〈虛實〉）

鄒按：調動兵力就要像水一樣──水不會流去高的地方，兵力一樣也不會去攻打敵人堅強防守之處。

是故**朝氣銳，晝氣惰，暮氣歸。故善用兵者，避其銳氣，擊其惰歸**。（〈軍爭〉）

鄒按：人在一整天當中，就屬傍晚精神最差。所以懂得用兵的人知道敵人何時士氣最低，再進行攻擊。

虛實，不僅指兵力大小、配備強弱，還包括士氣高低、有備無備、整與亂、逸與勞、飢與飽等各種對立條件。凡在時間、空間條件上對敵有利的都是敵人之實，反之就是敵人之虛。孫子在〈虛實〉篇指出：「兵形象水，水之形，避高而趨下；兵之形，避實而擊虛。」戰爭中的虛實是相對的，實中有虛，虛中有實，必須正確判斷虛實，巧妙地乘敵之虛。

《孫子兵法》提到有許多運用原則，如「攻其所不守」（〈虛實〉）、「勿擊堂堂之陳」、「避其銳氣，擊其惰歸」（〈軍爭〉）等等。實質上都是正確選擇作戰方向和進攻目標的問題。要選敵人不意和無備的弱點、鬆懈之處進行攻擊，才能收到迅速制勝的效果。

## 【古代戰爭實例】

東漢末年，原本的涼州守將王國叛變，率軍圍攻陳倉，朝廷見此，便命皇甫嵩為左將軍，率兵前往討伐。援軍開到陳倉，同樣是討伐軍的前將軍董卓建議皇甫嵩儘快發動進攻，但皇甫嵩認為百戰百勝，算不上會用兵，真正用兵之人懂得不戰而屈人之兵。會防守的人懂得設防，讓人沒法子進攻。所以身為守防的我們，把城池守好，等對方出現破綻，再用最小代價取勝才對。陳倉雖然是個小地方，但這裡十分好防守，王國硬攻我們討不到便宜；最好堅守不出，趁王國沒防備再下手，才能讓損失降到最低。

果然王國久攻陳倉不下，手下們已經疲憊不堪，好多人都決定離開王國。皇甫嵩見機不可失，馬上下令守軍追擊。誰知道此時前將軍董卓竟然又起身反對，並認為兵法說不可以追殺陷入絕境而拚死掙扎的窮寇，以及想要回到老本營的逃兵，以免付出慘痛的代價。聽到董卓的反對意見，皇甫嵩反駁地指出自己一開始不主張積極進攻，是因為要避開敵人的銳氣；現在追擊他們，是因為好不容易終於等到敵人精疲力竭的時候。所以我們現在追擊的是沒有還手力量的敵軍，並不是想返回老本營的叛軍，更不是會狗急跳牆的窮寇。最後，皇甫嵩獨自率軍追擊，結果大敗王國。

## 【觀念運用於治安工作】

我剛到臺中市某派出所任職時，局裡頭就要我清查轄內的當鋪、二手電器行和中古車商，看看有哪些是掛羊頭賣狗肉。因為我的轄區涵括了臺中著名的中華夜市，早期中華夜市旁群聚的二手電器行是宵小銷贓的重要處所。臺中公園又常有流鶯出沒，治安條件較差。附近的五權路是重要幹道，南來北往的外來客多，當鋪和販賣中古車的車商也不少——當鋪和中古車商也是宵小或竊車集團重要的銷贓管道。

局裡要我清查，實則是要我趕緊將轄內各種勢力以及其中利害關係搞清楚，方便日後的治安管理。好在我學生時代曾在臺中求學，這一帶並不是很陌生，拿出地圖，確定了四面方向後，就一間間去查訪這些店家。

當鋪的查訪原則在檢查抵押品是否與線上通報的失竊物有關，同時也要檢查抵押人留存的身分資料是否有異。順便跟老闆聊一聊，學習一點鑑識珠寶、字畫、古董的知識，方便以後查獲相關贓物時，能很快掌握其價值，聯繫可能的失主。當然啦！很多地下錢莊常以合法當鋪名義掩飾非法，此次「踏線之旅」順便也瞄瞄當鋪裡有沒有什麼與環境不搭的票據或討債工具——油漆、刀械、棍棒、冥紙等等。

相較於前者，要在二手電器行探查是否有贓物比較困難，因為滿店裡堆著成山的待修、報廢、二手電器，每件都妾身不明，無法直接判斷其來源。但是有個觀察點倒是挺萬用的。二手電器行在修繕別人賤賣的３Ｃ商品後，會放到展示櫃中兜售，如果掛出來的售價明顯遠低於行情，就要加以留意。

拜訪完當鋪和二手電器行，緊接著我一戶戶去訪查二手車商。二手車商素質參差不一，良心做生意的有，但為了暴利，昧著良心賣問題車的也不少。二手車的暴利在哪呢？譬如低價買來一臺高里程數的車，再買通原廠技師，請他調低里程數，並開具證明，再高價賣出，這是第一種牟取暴利的方式。第二種是賤價買下事故車車牌及車籍，拆下引擎等有車身編號的地方，再裝上竊來的車體，高價賣出。第三種算是稍具良心的賺法，二手車商買來損壞不嚴重的事故車，將損壞處整個切掉，再接上俗稱剖肉貨的二手鈑金或零件，抹平焊接處，偽造打上原廠編號，最好打上的編號能蓋過修葺處；光從外表看，根本就是一臺能賣得好價錢的完美二手車，但其實車身結構已經受損，若再遇事故，保護駕駛的效果就低得多了。第四種則是結合地下錢莊，表面上接受你以中古車申請車貸救急，實則是要放你高利貸；等你被重息壓得喘不過氣，再前往暴力討債。

綜觀以上中古車商賺取暴利的方法，他們都跟不法集團多少有所牽連。所以對中古車商的訪查就顯得特別重要。

就在查訪的過程中，從好幾家車商的口中不約而同探到一個情資：綽號「蔡頭」的中古車商因為走的是邪門歪道，賺的是黑心錢，怕人報復，平日便擁槍自重，手上更握有殺傷力強大的美造制式手榴彈。遇到知己、友人，除了拿出手榴彈炫耀自己的實力，方便自己處理因販售中古車衍生出來的交易糾紛外，一方面也在尋求手榴彈的買主，想要高價把手榴彈出脫。

如果我轄內這個治安大毒瘤手上只有槍，那還好解決，但若是緝捕過程中，蔡頭心一橫，引爆手榴彈，恐造成重大傷亡。接獲這個情資，我趕緊回到所裡，召集同仁開會。之所以這麼急，也是擔心萬一手榴彈被蔡頭賣掉，其下落難以掌握，如果落入狂人手裡，未來與之遭遇的警方將陷入極大的危機。

既然手榴彈的殺傷力大，當然不能硬碰硬，得趁蔡頭最無妨備的時候行動才行。所以我想到《孫子兵法》「避其銳氣，擊其惰歸」這一戰術——應該利用蔡頭睡覺時加以逮捕。道上曾有人擔心警方夜裡行動，會在睡覺時槍藏在枕頭下，準備困獸之鬥用，但我推想，包括蔡頭，應該沒人睡覺時把會爆炸的手榴彈放在床邊的吧？主意打定，我請同仁輪班盯哨，觀察蔡頭的作息，得知他為了保護店裡的保險箱跟名貴二手車，晚上都睡在店裡客廳的沙發上。

隔二周的凌晨一點，我率領同仁全副武裝，潛入蔡頭的二手車行，先制伏睡在孝親房的蔡嫌父母，接著趕緊衝到客廳裡壓制熟睡中的蔡嫌。在蔡嫌還沒來得及搞清楚怎麼回事前，其他同仁已經在他駕駛的自小客內手提包中搜得美造制式手榴彈一顆、九零改造手槍一枝、九零彈匣三個、制式九零子彈六顆、改造九零子彈五顆、安非它命毒品及吸食器等。贓證俱在，全案順利移送法辦。

# 一　物資充裕：養生而處實

## 【原文摘錄及解析】

凡軍好高而惡下，貴陽而賤陰[1]，**養生而處實，軍無百疾，是謂必勝**。（〈行軍〉）

鄒按：給士兵好的待遇與設備，讓他們駐紮在舒適的環境，接受良好的訓練，便能夠百戰百勝。

「養生」指蓄養軍隊生力；「處實」指處於有利於生存的陽實之地。「養生處實」，即養（軍隊）生力，蓄（軍隊）生機，（使軍隊）居生地，立於堅實（必勝）之地的意思。

「養生處實」，不是簡單要求駐地水草豐盛、糧食充足、便於軍隊生活以及使軍需

1 「陽」，乾爽且日照充足之處；「陰」，陰暗潮濕之處。

物資供應便利就好。「養生」還指「處軍」——處置、部署或管理軍隊應以選擇有利於全軍休養生息和蓄養生力之處。因而在作戰時就能充分發揮其優勢位置，避開不利於軍隊長久生存之地。

孫子「養生處實」理念指出在軍旅管理中，應注意選擇有利於軍隊蓄養生力的堅實之地，或休養生息的地理位置，這樣才能使「軍無百疾」。即只有通過選擇有利軍隊蓄養生力的堅實之地或休養生息的地理位置來安置、部署軍隊，在物資上完全滿足軍隊，使軍隊無任何後顧之憂；在物質方面提供最佳品質的軍械和軍需，使得軍隊能有適當的軍備應付戰場所需，這也才是行軍打仗的保險之策。

## 【古代戰爭實例】

秦王嬴政想要發兵滅掉楚國，他先問大將李信需要多少兵力才能完成此事。李信自信滿滿的說只需要二十萬人；秦王又問老將王翦，王翦卻回說至少需要六十萬人。秦王以為王翦老了不中用了，於是起用李信率兵二十萬攻打楚國。

李信得到秦王充分授權，率兵先進攻平輿，秦將蒙恬則進攻寢邑。秦軍在這二個地方都取得勝利。接著李信之部進攻鄢郢，擊敗楚軍後轉而向西，打算與蒙恬之部在城父會師。沒想到雖然鄢郢之戰打敗，楚軍卻不罷休，趁李信向西，尾隨在後偷襲李信。李信初嘗敗績，一時陣腳大亂，逃回秦國。

明明滿手好牌，卻兵敗而歸，秦王氣得火冒三丈。只好親自前去王翦老家商討再次伐楚大計。在秦王的堅持之下，王翦勉強而為，但要秦王答應他一定要給他六十萬大軍做為條件。秦王一聽王翦可領兵出征，哪有不答應的道理。甚至在王翦大軍出發時，秦王還親自送行到灞上，以示敬重王翦。

楚國聽說秦國老將王翦率兵前來，很是緊張，調集了全國可用之兵，打算盡全力對抗。誰知道王翦讓大軍堅守營寨，還嚴加要求萬萬不可與楚軍交戰，只是天天在營內訓練士兵，並提供豐富的飲食給他們而已。此外，王翦還與士卒們同甘共苦，一切吃喝用度，都與士兵們相同。過了很長一段時間後，王翦詢問部下，士兵們是否都會自主進行訓練？部下回答士兵們都自動自發地在練習作戰。王翦聽完高興地說，與楚軍一決生死的時機到了。

由於多次挑戰秦軍不成，楚軍認為秦軍並非真心入侵，於是引兵向東撤退。誰知王翦此時卻揮軍追擊，楚軍全無防備；秦軍一路追擊到蘄南，殺了楚將項燕。剩餘楚軍倉皇潰逃，王翦占領一部分楚國城邑後便凱旋返國。

## 【觀念運用於治安工作】

我在三峽某派出所擔任所長時，某個成功的企業家給所有分局都捐了一臺油電混合車。各分局考慮到這種車款的省油特性，再把自己手上分配到的車再發給位處市區的派出所。我所的位置剛好在市區，就接手了一臺油電混合車。

能夠拿到好裝備當然值得開心，這款車的直線加速表現也很讓人滿意。但苦的是，本來警察公務預算就不太足夠，平時要保養所裡喝汽油的汽、機車就有點吃力。油電混合車雖然在市區開省油，但萬一要保養維修，那筆金額十分可觀。恐怕會產生預算排擠效應，最後怕不是不能開，而是不敢開。話雖如此，分局長來督勤，還是要把車拿出來亮亮相，表示本所沒有辜負分局長的苦心。換個心境想，就當它是裝備檢整吧！

某天夜裡勤指中心分派給本所一個任務：在本轄之內，有民眾打電話報案，他所居住的社區，竟然有人在中庭搬運槍械刀具。我一聽覺得不得了，這可能是某個大型的幫派或社團軍火庫在「移防」，如果能夠順利「攔胡」，肯定能造成該幫派組織重大損失，重挫其士氣。

一開始我先請同仁騎警用機車前去查探人數、火力等重要資訊，方便接下來的警力部署。沒想到同仁回報：對方聽到遠方傳來車輛聲響，一下子全躲了起來。因該社區位處偏遠郊區，完全沒有路燈，加上深夜，所有住戶已經就寢，沒有客廳透出的光線加以照明。就算知道他們以及槍械藏在某處，但肉眼目視實在完全看不到，其中危險難以探知，只好先行返所。

對方利用漆黑且寧靜的深夜做為掩護，到底要怎麼做，才能樣運載優勢警力，神不知鬼不覺接近這群人，又不能讓他們有反應時間拿起手上的槍械與警方駁火？這個問題讓我傷透腦筋。正在我苦思不解時，眼睛恰巧瞄到停在車庫的油電混合車。

對了，養兵千日用在一時，《孫子兵法》說的「養生處實」，強調設備優良就能致勝。油電混合車低速行進時採電力為動力，幾乎不出聲響，這麼安靜又能一次搭載五名同仁的交通工具怎麼能不好好利用一番？

於是我計畫先打草驚蛇，在油電混合車採汽油供力時，大搖大擺的進入社區，並將紅藍警示燈亮度開到最高，同時操作探照燈四處照明，嚇嚇這群匪徒。沒多久再佯裝離開，並將警車轉成電力模式，關閉所有車燈，安靜的摸到對方身邊。

同仁們一聽完我的計畫，無不拍手叫好，接下來依計行事。果然第一回敲鑼打鼓進行的社區「巡禮」，嚇得那群人不見蹤影。假意調頭離開後，我特別請坐後座的同仁遠遠的看著。果然這群鼠輩在警車離開後便探頭探腦的繼續搬運槍械的工作。

見狀我馬上把警車轉成電力模式，車上燈光全滅，靜靜的從社區的另一頭繞回鼠輩搬運槍械的地方。誰知道新撥下來的警車效能太好、太安靜，警車都開到他們身邊，竟然無一人察覺。同仁同時間從車上衝下，荷槍實彈地包圍住對方，我也同步將車大燈打開，照在這群鼠輩身上。

鼠輩們一時間被打在身上的強光與團團圍住自己的警察給嚇到，四、五個人全都張大嘴巴，說不出話來；他們面前的小客車後車廂裡，則是擺滿了長短槍、武士刀、棒球棍十數支。同仁們相視而笑：「這真是大豐收的一夜！」

# 一、削敵壯我：因糧於敵

## 【原文摘錄及解析】

故智將務食於敵[1]，食敵一鍾，當吾二十鍾；萁稈一石[2]，當吾二十石。故殺敵者，怒也；取敵之利者，貨也。故車戰，得車十乘以上，賞其先得者，而更其旌旗。**車雜而乘之，卒善而養之，是謂勝敵而益強**。（〈作戰〉）

鄒按：聰明的將領懂得將從敵人那搜刮來的物資變為己用。這樣一來一回之間，至少產生二十倍的效益差距。

孫子鑑於軍糧供應的艱鉅性及其對戰爭勝負的重大影響，從軍隊作戰的實際情況出發，提出了「因糧於敵」的指導原則。「取之於國，因糧於敵」是孫子〈作戰〉篇把軍

1 以自敵人取得糧食為首要之務。
2 「萁稈」，大豆的莖，曬乾後可作燃料或牛馬的飼料。

事與後勤融為一體的軍事後勤思想的一個重要方面。

進入春秋以後，戰爭的規模日益擴大，作戰時間延長，戰場範圍擴展，糧秣的消耗量也隨之增多。軍隊所需的糧食，很難多次從後方向前方運送，只能在敵國就地解決，只有這樣，才能保證軍隊有充足的糧食。這不僅是因為軍糧從後方運輸十分艱難，給國家和百姓帶來沉重負擔，而且還因為在敵境就地籌措糧秣，既方便又節省開支。出國作戰，受運輸的客觀條件制約，長途運輸耗費很重，輾轉運送的困難很多，如果硬要從本國支援，那肯定「國之貧於師者遠輸，遠輸則百姓貧」（〈作戰〉）。[3]

在戰術層面上，孫子根據軍隊作戰和軍糧保障的實際情況，提出了解決軍糧供應的具體辦法。譬如，「凡為客之道」，「掠於野，三軍足食」，在離開本國進入敵境內作戰的情況下，要注意在富饒地區奪取糧食，保證三軍得到充足的給養；再如，「重地則掠」，當軍隊深入敵方腹地時，後方接濟困難，必須就地解決軍糧補給問題；還有，「掠鄉分眾」，在奪取戰爭制勝條件的過程中，要奪取敵「鄉」的糧食、資財，補充軍

[3] 唐武文、陳衛平、高杰〈《孫子兵法》作戰與後勤的和諧思維〉，《濱州學院學報》二十六卷五期，二〇一〇年十月，頁七一。

需，以利於相機而動。（以上見〈九地〉）[4]為了鼓勵軍隊「因糧於敵」，孫武還提倡「取敵之利者，貨也」（〈作戰〉），對從敵人那裡掠取到資財和糧秣的士卒，實行物質獎勵，這就使「因糧於敵」的措施更加完善。

綜上，「因糧於敵」戰術，簡單的說，就是想辦法從敵軍的身上謀得好處。因為敵軍的實力減一分，我方的實力增一分，來回便有二分的差距。這樣差距對決勝幾微的戰爭來說會產生數十倍的影響（孫子認為是一鍾比二十鍾或一石比二十石的效果）。

## 【古代戰爭實例】

戰國時期，塞北的匈奴人經常向南侵擾，首當其衝的就是趙國。匈奴人除了掠奪百姓的細軟財物，連農作、運輸用的牲畜也不放過。當時趙國將軍李牧奉命把守雁門關。

4 其次，孫武還注重選擇有利的地形，以便於軍糧的輸送和供應。〈九變〉中，他提出「絕地無留」，即軍隊在交通不便、無水草糧食、難以生存的地區，不要停留。在〈地形〉中，他又提出「通形者，先居高陽，利糧道，以戰則利」。

但李牧一到任，便體認到自己手中兵馬有限，很難主動出兵驅逐匈奴，只能採取守勢，被動的防禦。因為李牧一直採取守勢，匈奴人氣勢更盛，完全沒把雁門關守將李牧的放在眼裡。

某天，匈奴人又大喇喇的把數百匹好馬趕到雁門關前的河邊洗浴，壓根認為李牧根本不敢把他們怎樣。李牧在雁門關上眺望，見到數百匹又壯又肥的戰馬，心想如果能把這些戰馬搞到手，趙國守軍的戰力將大大的提升，又能殺一殺匈奴人的威風，這不是兩美之事嗎？可是如果開城門前去奪取，士兵還沒渡河，馬群早就被匈奴人趕回家；更糟的是城門大開，只怕匈奴軍會趁機殺入城來，到時候偷雞不著蝕把米，更糟糕。

望著健碩的馬群，李牧突然注意到這群駿馬都是公的。此時李牧想到，如果能利用動物求偶的本能，讓這群馬自己跑過河來、自己跑進城內，那豈不妙哉？母馬城內就有，不需遠求。李牧下令讓手下挑選了幾百匹母馬，再讓士兵們把母馬牽出城，繫在河這邊。不一會兒，一匹匹母馬注意到河那邊的公馬，便開始仰頭嘶叫起來；河那邊匈奴人的數百匹公馬聽到母馬的叫聲，也注意到河這邊。沒多久，幾匹領頭的公馬帶頭嘶叫回應母馬的召喚。隨後這幾匹公馬率先遊過河，接著其他數百匹公馬接著追隨而去，看馬的匈奴人攔也攔不住。河這邊的趙軍兵士們見機不可失，一擁而上，將數百匹好馬趕入雁門關中。李牧此舉平白取得匈奴人數百匹好馬，削弱了敵人，壯大了自己。

## 【觀念運用於治安工作】

在上個世紀九零代，臺灣發生陸正綁票撕票案後，家長們為了自家子弟的安全，大部分都會親自接送上下課；再不然也會給小孩報名課後輔導班，由輔導老師護送小孩到輔導班去，指導功課，並等待家長下班後接回。因為雙薪家庭愈來愈多，坊間課輔班、安親班即如雨後春筍成立。從某個角度視之，這些課輔班、安親班一部分也分攤了警方護童的工作。

不料我在臺中市某分局任職時，轄內發生陳童遭綁票案。當天陳童家長因有事不能前去課輔班接其下課，要陳童步行走回鄰近的家中。沒想到就這一段短短的路程，叫歹徒給盯上。犯案車輛靠近陳童，門一開即將之擄走。

第一時間我們調來路口監視器，從監視器的影像中辨識出犯案車輛的車號，再回核目擊案發經過的小貨車司機口供，確認犯案車輛辨識結果無誤。依此尋線找到售出犯案車輛的車商，請他調出買家的資料，發現買家係以假證件購車。但歹徒百密一疏，為了取得車商的信任，假證件上貼的仍然是犯嫌自己的大頭照。

眼尖的同仁很快認出，這是轄內詐欺、偽造文書通緝犯莊男。莊嫌先前才因涉及刮刮樂詐騙集團被臺中市某所查獲後移送，案件還在審理之中。沒想到莊嫌利用司法審理的空檔，再行犯案。陳童遭綁後，莊嫌即以假護照、臺胞證搭機前往中國，此舉明顯看出莊嫌心虛想要脫身，足見其涉案程度很深。

這麼大的案子不可能沒有共犯，莊嫌逃往中國，後續贖款總要有人出面提走。果然莊嫌利用詐騙集團的反追蹤通訊技巧，使用大陸的王八機，遙控在臺同夥周嫌等人接手與陳童家屬談判取款的後續事宜。

事情拖得愈久，家屬愈不信任警方，就愈有可能與歹徒私下聯絡、花錢消災。所以莊嫌在中國的行蹤以及其在臺共犯的藏身之處和陳童軟禁地點，得要愈早確認才行。正巧莊嫌不想他和家屬的通訊被警方掌握，於是從中國寄來一張當地的手機晶片卡，要求家屬安裝在手機上，隨時接聽莊嫌的指示。

得知莊嫌捎來晶片卡，我想到《孫子兵法》說的「削敵壯我」，利用歹徒提供的東西，就能加強警方追緝的反制力道。取得家屬手上這張晶片卡後，我馬上聯絡支援本專案的電訊警察協助。他們立即展開通訊監察的工作：第一步先利用歹徒寄來的晶片卡，查出莊嫌的來電係在中國以中國手機門號撥出，再以漫遊功能轉接到臺灣的民營電信公司基地臺，再撥到家屬手上。警方即以反求方式，配合兩岸共同打擊犯罪機制，查出發話地點在廣東珠海，並協請大陸公安加以緝捕。

第二步，我們逐筆過濾莊嫌隔海與肉票家屬、周嫌等在臺綁匪的電話通聯，一舉鎖定在臺綁匪所在地點、綁匪人數，以及肉票可能被拘禁處。接著我率領同仁們，利用家屬與在臺綁匪約定交付贖款的前一天夜裡大雷雨當掩護，摸進在臺綁匪的窩點，順利攻堅制服歹徒，並救出被關在廁所中、驚魂未定的肉票。肉票安全，在臺綁匪一網打盡；在中國的莊嫌則被公安追得走投無路，亡命天涯。這真叫天理昭彰，報應不爽！

# 一　各個擊破：我專而敵分

## 【原文摘錄及解析】

**我專而敵分。我專為一，敵分為十，是以十攻其一也。（〈虛實〉）**

鄒按：我方集中兵力外，還要分散敵人，敵人若分散成十分之一，我就等於能用十倍兵力輕取敵人。

所謂古之善用兵者，**能使敵人前後不相及，眾寡不相恃，貴賤不相救，上下不相收，卒離而不集，兵合而不齊。**（〈九地〉）

鄒按：懂得用兵的人，在攻擊對方時可以讓對方各部彼此無法照應，還自顧不暇。

孫子認為，要確保掌握主動權，奪取戰爭的勝利，就必須在戰場交鋒時集中優勢兵力，「以鎰稱銖」（〈軍形〉）、「以碫擊卵」（〈兵勢〉），給敵人以毀滅性的打擊。為此，他反覆強調集中兵力的重要性，並一再提出具體的集中優勢兵力的種種主張：「併力」、「併敵一向」、「並氣積力，為不可測」（〈九地〉）、「我專為一」，「以眾擊寡」（〈虛實〉）。[1]

集中兵力是自古及今用兵制勝的不二法門，優勢一方應集中兵力，劣勢一方尤其應該集中優勢兵力於一時一地。孫子在前引〈謀攻〉也提出「十則圍之，五則攻之，倍則分之，敵則能戰之，不若則能避之」的想法，集中自己的兵力，分散敵人的兵力，以優勢兵力對敵，而在處於劣勢、形勢不利時，則主動避戰。

我方客觀上兵力眾多，實力強大，而敵人兵力弱小，處於絕對劣勢，這種唾手可得的集中優勢兵力的情況是很少的，即使有，也大多只是在全局上的力量對比上，至於局部上，則情況瞬息萬變，敵我力量對比會隨時發生變化。因此要集中兵力，形成以眾擊寡的良好態勢，更多的是要發揮主觀能動性，使強大者兵力更為集中，弱小者全局處於劣勢，更需要在局部上集中優勢兵力，積小勝為大勝，以局部勝利擴展到全局的勝利。

1 黃樸民〈孫子制勝之道綜說〉，《軍事歷史研究》一九九五年二期，頁一五二。

## 【古代戰爭實例】

春秋初年，雖然周朝名義上仍歸周天子所治理，但實際上周天子所能控制的範圍只剩下洛邑附近。諸侯們雖然仍稱周天子為共主，但不把周天子放在眼裡的也是有的。

諸侯國中的鄭國，雖然受封立國較晚，但其開國君主鄭桓公是周厲王的幼子，與周王室同為姬姓，一向受到周王室敬重，鄭國歷代國君也常被被委為王室卿士，主持著周王室的政治。鄭桓公高瞻遠矚，即位沒多久，便將國人從關中遷到今日河南新鄭附近。這裡是中原各國交通必經之地，所以各國都得巴結鄭國。因此鄭國日漸強大，在諸侯國間講話是十分有份量的。

鄭國傳到鄭莊公時，莊公憑恃著強盛國力，到處攻打小諸侯國，兼併了他們的土地，同時拉攏附近的齊、魯兩大國。一邊站近大國，一邊削弱衛、宋、陳、蔡小國，還滅了許國，眼見鄭國高漲的氣勢就要威脅到周王室。

等到周桓王繼位後，對鄭國的囂張感到十分不安，於是以周天子名義奪去鄭莊公的卿士名位，並打算把鄭國的部分土地收回周王室。本來依禮，鄭莊公必須按時朝覲周天子，但周桓王這麼一搞，鄭莊公也就沒把該盡的禮數放在心上，再也不去朝覲周桓王。周桓王與鄭莊公在禮教上一是上位、一是下位，周桓王是不可能放任鄭莊公的無禮不管的，於是他親自率領周軍和從陳、蔡、衛徵調來的軍隊討伐鄭國。

大軍壓境，鄭莊公並不等閒視之，馬上親率大軍進行迎擊。兩軍當下對峙於繻葛。為求指揮方便，周桓王將周室聯軍分為右軍、左軍、中軍共三軍，右軍由卿士虢公林父指揮，組成分子為周、蔡、衛軍；左軍由卿士周公黑肩指揮，組成分子為周、陳軍；中軍全為周軍，由桓王親自指揮。鄭莊公為對應聯軍，也將鄭軍編為中軍、左拒和右拒三部分，鄭莊公及原繁、高渠彌等人指揮中軍，祭仲指揮左拒，曼伯指揮右拒。

正式開打前，鄭國大夫公子元針對周室聯軍的組成情況進行分析。他向鄭莊公指出，陳國國內正發生動亂，所以陳軍沒有鬥志，如果戰爭之初先拿陳軍開刀，陳軍一定很快就兵敗如山倒；至於蔡、衛兩國的軍隊，本來戰鬥力就不強，鄭軍只要稍加強攻，這兩國軍隊很快就支援不住。所以公子元向鄭莊公建議先攻擊聯軍的兩翼，一旦兩翼潰敗，就會打擊到周中軍的信心，再左右夾擊周中軍，即能順利擊退周桓王。

會戰開始，鄭軍按照公子元的建議進行作戰，果然第一擊，陳軍即逃離戰場，周軍左翼馬上報銷。同一時間，周軍右翼的蔡、衛兩軍果然抵抗不住鄭軍的攻擊，沒兩下就節節敗退。周中軍為潰兵所干擾，陣勢大亂。鄭莊公見狀，立即指揮鄭軍左右夾擊周中軍。周軍果然大敗，鄭軍取得全面的勝利。

## 【觀念運用於治安工作】

我在基隆市警察局第四分局某派出所服務時，接獲民眾報案，指稱基隆長庚醫院急診室內有一名男子遭人砍成重傷，我率領同仁到場後，發現林男頭部遭人砍成重傷，呈現昏迷狀態，可能有生命危險。除了向急診醫師了解其傷勢外，我也詢問將其送醫的友人等，在他們的供述下我逐漸釐清案情。

原來被砍的林男當天與友人一行五人前往轄內某社區尋找仇家張男，想為他們的友人簡男稍前受辱之事出頭，順便協調雙方的債務糾紛。為防不測，這五人事先在身上暗藏西瓜刀。誰知雙方一碰面，新仇舊恨湧上心頭，話還沒講完，林男一行人便抽出身上的刀械開始叫囂。一陣混亂中林男砍傷了仇家張男的友人。誰想一眨眼的工夫，先動手的林男手上西瓜刀卻遭到張男奪下，為了給受傷的友人出氣，張男發了瘋似的朝林男頭部猛砍，造成嚴重的傷勢，林男當場昏迷不醒，林男的友人見狀立即通知救護車將林男送醫急救。

當時張男家中共有五男一女在場。林男受傷昏迷後，他們六人竟然若無其事的將現場血跡全部清理擦拭乾淨，並將砍傷人的兇器自五樓住處丟到旁邊山林內，意圖增加員警尋找兇器的困難。清理完現場後，這群男女隨即外出玩樂，對於差點有人慘死於屋內的情況毫不在意，實在令人髮指。

因為張男一行人並不把此事放在心上，所以根本沒逃亡的打算。我們給林男友人做好筆錄後，很快掌握了事情的前後始末，也很快的在幾個鐘頭後，就在張男家附近逮捕到玩樂後返家的五男一女。

當然這六個人為了脫罪，早就事先串供，有人說當時不在現場，不知道案發經過，有人說是林男自己持刀摔跤，傷到自己。但這些與實況和林男傷勢不符的陳述，明顯是想擾亂偵辦方向的辯辭，不值得採信。

這六人貌似團結，不給警方見縫插針的機會。我招了招手，把輪流幫這些人製作筆錄的三名同仁叫來小聲地說：這票人很明顯就是酒肉朋友，彼此沒什麼道義跟感情基礎，如果動之以情、誘之以利、威之以勢，他們還不肯吐實的話，我們就用《孫子兵法》「我專敵分」那招，把他們隔離偵訊，讓他們彼此看得到卻又聽不到對方說話內容。待會讓他們六人輪流向你們三位陳述，你們在言談中再透露：「剛剛前腳才做完筆錄的伙伴早就把罪責推到你身上，你再不承認，所有罪名就你擔」，看看他們多有義氣！

果然三名同仁才剛採用隔離偵訊，馬上就突破張男以外五人的心防。這五個人本來吊兒啷噹地，但一聽到同仁佯稱前一位伙伴的證詞，指控他就是兇手；加上正在進行筆錄的各桌之間，距離讓他們聽不到朋友在訴說什麼。彼此心存猜忌之下，先前串供的共識就瓦解了——張男之外其餘五人異同聲皆云是張男所為。在張男友人以及受傷的林男在場友人指證之下，警方確認犯下罪行的就是張男，於是依殺人未遂罪將他移送法辦。

# 分進合擊：併力料敵

## 【原文摘錄及解析】

**兵非益多也，惟無武進[1]，足以併力料敵，取人而已。**（〈行軍〉）

鄒按：兵力不是多多益善，而是合成一股，恰恰可以取勝便得了。

**故善用兵者，譬如率然。**率然者，常山之蛇也。**擊其首，則尾至；擊其尾，則首至；擊其中，則首尾俱至。**（〈九地〉）

鄒按：各分部的相互支援要靈活，才能讓敵方難以下手。

孫子認為兵多不如兵精；兵精還不夠，平時的部署務必須能使各股力量前後照應，左右呼合，有如常山之蛇一樣：敵人打擊我方前軍，則後軍能及時救援；敵人打擊我方

[1]「武進」，恃武冒進。《孫子．行軍》〔宋〕王晰注：「不可但恃武也，當以計智料敵而行。」

後軍，則前軍能及時救援；敵人打擊我中軍，前後軍都能及時救援。

而到戰時，在適當的時機，幾股精兵還能迅速地會合，發揮戰力加乘效果，以在關鍵時刻匯成一氣，殲滅敵人主力。這就是用兵的主動性必須能夠製造用兵的自由度——當我們進攻時，敵人無法抗拒；當我們防禦時，敵人無法攻破；當我們撤退時，敵人無法追擊。

除了本軍各單位的合作和分頭作戰的變化要具有靈活彈性外，與外單位的合作默契和機制也必須建立。如此才能在適當的時機併力一向，制敵取勝。

## 【古代戰爭實例】

先古時期，位於西南的蚩尤族一心想進入中原稱霸。該族金屬冶煉技術高，製作出來的兵器十分堅利；加上部族生性勇猛善戰，該族在結合當地的三苗一部後，隨即揮兵北上，很順利的擊敗原本據守在中原的炎帝族，並進而占據了黃帝族所居之處。黃帝族為了生存、奪回領地，一邊向具有親屬關係的炎帝族求援，一邊進入西北，請到應龍助戰。

黃帝族一亡，接下來可能就是炎帝族自己，這個忙一定要幫。於是炎、黃帝兩族聯軍揮軍南下，與正在乘勢向西北推進的蚩尤族於涿鹿地區遭遇。蚩尤族倚仗己方為數個部族聯軍，加上武器優良，主動向炎、黃帝族聯軍發起攻擊。但炎、黃帝族聯軍也不是孤身作戰，在來此主戰場前，早就邀集以熊、羆、狼、豹、雕、龍、鴞等為圖騰的氏族前來助陣，一起迎戰蚩尤族；另一方面也讓來助戰的應龍在河流上築土壩蓄水，以免擅於水攻的蚩尤族利用河流作戰。

兩軍對戰後，適逢濃霧和大風暴雨天氣，這很適合來自東方多雨環境的蚩尤族展開軍事行動。所以戰爭初期，適合於晴天氣環境作戰的炎、黃帝族聯軍處處失利。好在雨季終於過去，氣候的改變給炎、黃帝族聯軍提供了轉敗為勝的重要契機。炎、黃帝族聯軍在好天氣的幫助下向蚩尤族聯軍發動總攻擊。終於一舉擊敗敵人。[2]

[2] 戰況分析見鄒濬智〈臺灣原住民神話與中國神話的同質性探討〉，《臺灣源流》四二期，二〇〇八年三月，頁一三二-一四六。

## 【觀念運用於治安工作】

【某報訊】

我在臺中市梧棲區某所服務時，接獲線報，一名強盜通緝犯鄧嫌與其女友藏身在一棟公寓大樓的三樓。鄧嫌是強盜、竊盜通緝犯，在其女友余某的協助下逃亡了很長一段時間。所幸訪查余女親友時，得知這對亡命鴛鴦藏匿在梧棲區文華路一處公寓三樓。

因為鄧嫌可能身上有武裝，我通知附近友好單位合計調動二十名同仁前往圍捕。為免打草驚蛇，所有人分成二部，十五人在一個街區外待命，其餘五名同仁則埋伏在公寓一樓，準備先逮捕要出門上班的余女，再利用其身上的鑰匙進入三樓，靜悄悄地接近睡覺中的鄧嫌，將其壓制。不料才拿到余女身上的鑰匙，正準備上樓，便看到鄧嫌要出門買早餐，鄧嫌一發現警方，立即轉身從三樓一躍而下，在公寓後的蘆葦田落地後，受傷忍痛逃離。

由於蘆葦太過茂盛，鄧嫌一落地就失去蹤影，我們推測有蘆葦田做緩衝，鄧嫌就算受傷亦不嚴重，在行動力無損的情況下，很有可能在最快的時間內逃離現場。於是我呼叫外圍支援的同仁，將蘆葦田團團圍住。

不過蘆葦田面積太大，目測約有二個足球場大小，裡面水深及膝，蘆葦又高，阻礙視線，若貿然指揮同仁進入搜捕，恐怕易生危險。但看看現場裝備，又不足以支持現場同仁進入蘆葦田地毯式的搜捕鄧嫌，這該如何是好？

於是我想到《孫子兵法》中的「併力料敵」，在我軍力量不足以應付敵方時，當然要請具有良好條件的友軍趕來支援。第一時間我想到的就是警察的好朋友——消防隊。電話裡我詢問本地消防隊是否有適合克服不良地形的車輛，沒多久當地消防隊員便開來一臺四輪傳動的救災吉普車。在商請地主同意後我請消防隊員搭載三名同仁開進入田裡搜索，其餘同仁在外圍戒備。可惜的是吉普車的車輪仍然不夠高，而加上搭載四名成員，顯得太重，才開沒幾公尺就被爛泥卡在田裡動彈不得。

這麼艱困的地形，沒有更強馬力、更能克服不良地形的車輛恐怕行不通。我突然想到我在本地的民間友人廖桑。廖桑是當地的砂石業者，之前處理廖桑公司的挖土機控制面板失竊案後就常與他有來往。廖桑為人海派大方，請他支援大直徑輪胎的砂石車或具有金屬履帶的挖土機肯定沒問題。

電話裡我跟廖桑說明眼前的困境，廖桑二話不說，馬上叫員工開拖板車載來一臺挖土機。果然挖土機一落地，進入蘆葦田作業如入無人之境。很快的就把約六分之一面積的蘆葦田給壓平。鄧嫌見狀，眼見藏身之所就要曝光，驚懼之餘便往挖土機反方向逃逸，正巧鄧嫌手上手銬的金屬反光被守在蘆葦田對面的同仁們看到，同仁們立即衝進田裡一把將鄧嫌給拉出來，順利逮捕鄧嫌到案。

## 「善用地形：地形者兵之助也」

### 【原文摘錄及解析】

夫地形者，兵之助也。料敵制勝，計險阨遠近[1]，上將之道也。知此而用戰者，必勝；不知此而用戰者，必敗。故戰道必勝，主曰無戰，必戰可也；戰道不勝，主曰必戰，無戰可也。故進不求名，退不避罪，唯民是保，而利合於主，國之寶也。（〈地形〉）

鄒按：善於利用地形，可以無形中大大強化自己的兵力。

孫子他把「天地孰得」（〈始計〉）列為「五事」制勝條件中的一項重要內容。所謂「天」，就是「陰陽、寒暑、時制」；所謂「地」，就是「遠近、險易、廣狹、死

1 「阨」，困厄；困窘。《孟子・萬章上》：「是時孔子當阨。」《韓非子・外儲說左上》：「不推人於險，不迫人於阨。」

生」（〈始計〉）。他一再強調高明的領導者應該「知天知地」，認為這是「勝乃可全」（以上見〈地形〉）的前提條件。孫子指出地形條件與作戰的勝負有著密切的聯繫。鑑於這樣的認識，孫子指出：「不知山林、險阻、沮澤之形者，不能行軍；不用鄉導者，不能得地利。」（〈軍爭〉）行軍作戰時，務必要偵察或利用嚮導去了解地形、掌握地形。[2]

孫子的軍事地理學思想主要包括二個方面，一是對兵要地理的論述，他撰寫〈九地〉篇，對這一問題集中進行了探討，提出了軍隊在九種不同的戰略地理環境中，展開行動的基本指導原則。二是對戰術地理的論述，主要見於〈行軍〉、〈地形〉二篇。[3]

孫子認為，地形在戰爭中具有重要的地位和作用，它是領導者制定決策的一個重要依據。「夫地形者，兵之助也。料敵制勝，計險阨遠近，上將之道也」，強調地形是用兵的輔助條件。「料敵」就是判斷敵情，制定取勝計畫；「計險阨遠近」就是研究地形

2 另可參林麗娟〈「知天知『地』，勝乃可全」——論《孫子兵法》中的地形教戰總則〉，《黃埔學報》五十二期，二〇〇七年。

3 黃樸民〈孫子制勝之道綜說〉，《軍事歷史研究》一九九五年二期，頁一五四—一五五。

的險易，計算道路的遠近，這些都是將帥的職責。懂得這些並能用來指導作戰的就必然勝利，不懂得這些，因而不能用來指導作戰的就必然失敗。

在戰場上，地利爭奪的結果，經常會決定該地區的戰局。所以在軍事上，戰場上的領導者必須切實了解地形，對於有影響戰局的地方，必須爭取。尤其是易守難攻，資源豐沛的地利，一旦為我所占有，可以有形上增加許多人力、物力的資源，無形上亦可以提高許多優勢。

## 【古代戰爭實例】

南宋紹興年間，名將岳飛受命前去收復被金人所扶植的偽政權——偽齊所占領的襄陽、鄧州等六郡。襄陽是歷史上著名的易守難攻之地。因為該城臨襄江，可據天險而守，這也正是岳飛傷腦筋之處；不過襄陽的右面卻是十分平坦的曠野，岳飛注意到這裡或可用兵。

誰知探得岳軍一到，駐守襄陽的偽齊守將李成毫無兵法常識，竟將適合用於平原作戰的騎兵安排在襄江邊上，而把適合崎嶇地形的步兵放在最容易遭受攻擊的平原上。岳飛一看大喜過望，馬上要部將王貴利用江邊亂石、道路狹窄的地形，率領步兵，用長槍攻擊敵人騎兵。又命令部將牛皋利用敵人步兵列陣於平野的劣勢，率領騎兵衝擊敵人步兵。

雙方對抗一揭幕，王貴依岳飛之計，率步兵衝入江邊騎兵隊伍中，再用一枝枝長槍撂倒一匹匹戰馬。由於江邊道路狹窄，前馬倒斃，後馬紛紛被壓擠而跌倒；戰場上戰馬一旦跌倒，要再站起來耗費時間。同時還有更多戰馬與騎兵被迫跳入水中。至此，李成的騎兵很快就失去了戰鬥力。

另一方面，牛皋率領的騎兵全速往李成布防於平原上的步兵發起衝擊，沒有騎兵機動支援，李成的步兵連招架之力都沒有，一個個喪命鐵蹄之下，轉瞬之間，步兵隊伍全線崩潰。李成兵馬盡失，襄陽順利為岳飛所收復。。

## 【觀念運用於治安工作】

臺灣的飆車文化約興起於上個世紀的九零年代。當時由於沒有完善的競速場地，一些筆直平坦的道路，往往在假日的夜裡被飆車族占據。有的在馬路上競速，有的表演翹獨輪特技，有的展示自己機車的改裝成果。由於這些飆車族視交通規則如無物，改裝後的車輛排氣管噪音在寧靜的夜裡更顯惱人。只要到假日夜裡，勤務指揮中心的電話就響個沒完。派好任務給該轄的派出所，最常聽到的回報就是警方一到現場，對方即作鳥獸狀散去。街頭上一直上演著你追我跑的戲碼，飆車族樂此不疲，同仁們卻疲於奔命。

更有甚者，有些不同陣營的飆車族因競速發生磨擦，很容易演變為械鬥。一些找不到仇家的飆車族在街上亂晃，看到疑似尋仇對象即刀棍如雨下，常常波及到無辜的用路人。社會輿論對警方的無能漸感不耐，長官所施予的壓力也就也愈來愈大。

當時我在臺中公園旁的某派出所任職，附近的雙十路與精武路只要到周六晚上，即聚集大批飆車族同場競技，我與同仁常常因此出勤。誰知對方一看到警車，馬上一溜煙消失不見，實在抓不勝抓。由於這些飆車族彼此並不太認識，常見由鄰近南投、彰化、苗栗等縣前往臺中的路上，看到同好，即集結成一個車隊向臺中飆來。因為其係烏合之眾，好不容易抓到其中一個，也無法像拎肉粽那樣循線將所有飆仔一網打盡。

隔周周五，我到分局接受聯合勤前教育，臺上分局長旁邊看到幾個生面孔，與分局長交頭接耳。沒多久分局長開始說明今晚的防飆勤務：「我們轄區的飆仔實在太多，在市警局長面前我真的抬不起頭來。今天白天我和幾位市警局長機要研究，結論是單抓一個二個飆仔來罰錢沒用，一定要有雷霆手段，讓所有再想來臺中飆車的飆仔聞風喪膽。《孫子兵法》說『地形者兵之助』，既然警力不足以追捕所有飆仔，我們就要好好利用地形。」

分局長接著說：「雙十路由精武路口到公園路口這段，住家較少，一邊又是臺中公園，在這裡行動最不容易波及無辜。晚上先由警車到現場佯裝驅趕飆仔，然後馬上離開。其餘警用汽、機車關掉大燈，把這個路段所有可以聯外的小巷全部堵住。等那些飆仔開始聚集狂飆，南北端路口再各用六臺警車截住去路。具體工作分配由副分局長跟你們說明……」

分局長這招高呀！我猜想市警局的機要裡大概也有兵法專家，想得到利用雙十路的地形，確實可以有效將所有飆仔一網打盡。

夜裡行動時間一到，我所的二臺警車先開去雙十路虛應故事一番。然後開回到路旁隱密的停車格待命。等到飆仔聚集得差不多，圍觀群眾的鼓噪聲壓過我們行動所發出的聲響後，無線電傳來同步行動的指令。我與友所的警車即刻堵住公園路這端，一抬頭，馬上看到察覺精武路已被堵住的飆仔正朝我們這裡衝來。一時間馬路上機車犁田的金屬磨擦聲、飆仔摔車受傷的哀嚎聲、不幸被捕的咒罵聲，還有意圖以機車衝撞警車突圍的碰撞聲此起彼落。一些機車較輕的飆仔，兩兩一組將機車抬上人行道後逃逸者也是有的。此次行動，緝獲當時在場約八成的飆仔——付出的代價最低，但成果豐碩。

事後檢討會上大家提出待改進事項有：第一是封鎖的道路過長，提供飆仔加速衝撞警方的條件；第二是本以為可以限制飆仔去路的人行道與分隔島，對可以抬著走的小型機車無用；第三是同仁制服高速行進車輛的裝備不足，當下使用齊眉棍、警棍阻止飆仔，對飆仔跟同仁都容易造成危險。

後來我們行動的重點與檢討事項由署裡頭通報到各縣市警局，署裡要求若遇到飆仔滋事，可以比照臺中市警，多多利用地形加以緝捕。高雄市警局獲悉後，改良了我們的做法。某日凌晨，約二十餘部的飆車族於高雄市區流竄。為躲避警方查緝，這些飆仔多以錫箔紙、便利貼等物遮蔽車號。

飆仔一行人在行經左營區華夏與新莊仔路口時，被執行防制危險駕車勤務的同仁發現，隨即尾隨其後實施攔截、圍捕。參考完臺中市警的做法，高雄市警決定將這批飆仔逼到死巷，利用口袋戰術一舉成擒。所以追捕過程中途經華夏路、新南街、新莊一路等路段，高雄市警都僅尾隨於後方錄影存證而已。

等到飆仔駛入新莊一路底死巷欲折返時。見機不可失，市警即以優勢警力實施口袋戰術，快速打擊部隊利用死巷地形，以巡邏車堵住飆車族出口，實施攔截、圍捕，當場查獲五車六人，全案以公共危險罪移送法辦，並依違反《道路交通管理處罰條例》第四十三條危險駕駛、無照駕駛告發。

後續幾次緝捕飆仔，高雄市警也有利用地下道進行圍捕的，這兩種做法都使得執法同仁的危險性大大降低，也能避免遭圍捕的飆仔做出傷人自傷的衝撞舉動，實在妙哉！

# 參・餘論

兵家的傑出代表人物孫武，其代表作《孫子兵法》產生於先秦知識爆炸，諸侯之間情勢風起雲湧之時，要比西方兵法之祖《戰爭論》早上千年。《孫子兵法》不僅是一部堪稱人類兵學經典的不朽之作，更是一部具有劃時代意義的謀略學專著。

在謀略學發展的意義上，孫子是第一個明確提出「伐謀論」的人。《孫子兵法・謀攻》中說：「上兵伐謀，其次伐兵，其下攻城」，就謀略價值而言，在上述三種方法中，「伐謀」居首位，可以收到「不戰而屈人之兵」，「兵不頓而利可全」的奇效。這就為謀略學地位的確立了理論支柱，使謀略學的研究得以擺脫少數人私相授受，秘不示人的狀態，而一舉登上傳統國學的堂堂正殿。[1]

在兵法學的發展意義上，《孫子兵法》雖然見世於兩千多年前，但對於兵學的各方面的論述已經十分完整周全，而且恆古彌新。所以〔英〕兵學家李德哈達盛譽：「《孫子兵法》這本篇幅不長的著作，幾乎已把我所寫的二十多本書中，所有涉及戰略與戰術的基本原則完全包羅在內。」[2]蔣中正也說：「我們中國兩到三千年以前的《孫子》、

1 高淑清〈中國古代謀略文化探賾〉，《吉林師範學院學報》二十卷四期，一九九九年七月，頁三四。

2 轉引自東海大學〈《孫子兵法》講義〉，military.thu.edu.tw/Sun%20Tzu's%20Military%20Strategy.doc。

和《吳子兵略問答》這些書，到現代還是同樣的有價值，並且其意義亦與日俱新，比方孫子講：『善攻者動於九天之上，善守者藏於九地之下。』這不是講現代的戰術嗎？所以書中所講的東西，有很多就是現在外國人最新進步的戰術原則——抵禦外侮與復興民族。」[3]可以說《孫子兵法》是中國兵學的極星，是中國文化的驕傲。

透過重點整理《孫子兵法》謀略與兵學思想，及探討其在治安工作之運用可能，可以充分體會到兵學聖典的《孫子兵法》煥發出以下幾個思想特色[4]：

其一：理智性——《孫子兵法》主張止戈為武、慎戰。「主不可以怒而興師，將不可以慍而致戰」；對於一切的決策和計算，必須冷靜為之。因為「兵者，國之大事，死生之地，存亡之道，不可不察也」。

其二：總體性——《孫子兵法》認為戰爭的勝負，必須考量多種因素（道、天、地、將、法），綜合運籌之後才能行動；對於戰爭結果，《孫子

3 轉引自金典戎〈孫子的價值、思想與西洋兵法〉，http://www.leeyuri.org/PDF%20Traditional/f3.pdf。

4 溫宗仁〈孫子軍事思想的特色及其現代啟示〉，「第六屆《孫子兵法》國際研討會」演講，深圳：中國《孫子兵法》研究會，二〇〇四年十一月二－五日。另可參林軒昂、裴嘉榮〈《孫子兵法》的思想體系淺論〉，《步兵學術季刊》二〇〇期，二〇〇一年五月，頁七－一二。

兵法》強調先勝而後求戰，全軍保國，能使戰爭和平落幕又能達到發動戰爭之時的預期目標最是上策。

其三：辯證性——關於戰略及戰術問題，《孫子兵法》迂與直、患和利、虛實、奇正、速久、巧拙等運用觀念都有正反的兩面論述。

其四：靈活性——《孫子兵法》指出戰爭的指揮必須「因利而制權」、「踐墨隨敵」、「兵者詭道也」、「戰勝不復，而應形於無究」，不能死背兵法，墨守陳規，而必須視時、視地、視敵而動。

其五：科學性——《孫子兵法》的論述強調戰爭的結果可以透過科學的計算和情報蒐集來決定，「知之者勝，不知者不勝」、「多算勝，少算不勝，而況於無算乎」、「先知者，不可取於鬼神，不可象於事，不可驗於度，必取於人，知敵之情者也」。獲勝就是一連串精密計算（包括計謀）的結果。

〔英〕文學家布勞說：「《孫子兵法》這一部書，可以說是世界史中，研究戰略戰術原理的第一部著作。但是書中所載的許多學理，確是非常適合於現代的應用。至少在某些重要論點上，顯示出和我們現代的著作有著密切的聯繫。」[5]《孫子兵法》明示許多基本的軍事原則、從宏觀上研究和考察戰爭問題、某些思想觀點方法原則仍具有廣泛的現代價值、包含著豐富的管理思想。[6]雖然它是一部軍事著作，但其影響早已超出軍事範圍，在人類活動的各個領域都有對它的研究和實踐。從中汲取其智慧[7]，對治安工作乃至生活的各個方面[8]，定當有所啟發。

5 轉引自閻盛國〈論《孫子兵法》蘊涵的精英戰略思維〉，《船山學刊》二〇〇八年三期。

6 陳雲金、陳保生《《孫子兵法》鑑賞》（武昌：武漢大學出版社，二〇〇六年二月），頁四〇。

7 例如在運動競技方面的運用，詳可參鄒濬智〈試說《孫子兵法》在競技比賽中的應用〉，《興國管理學院學報》十卷，二〇〇九年一月。

8 鄒濬智〈如果孫武、孔明、劉基也來當警察——試論中國兵法在治安工作中的五個應用〉，中央警察大學《通識教育與警察學術研討會論文集》，二〇一三年十一月五日。

Do科學13　PF0210

# 警長的壓箱寶

## ——從現代警界執法看《孫子兵法》

**編　　著**／鄒濬智
**審　　訂**／謝宜峯
**責任編輯**／徐佑驊
**助　　編**／詹明華、曾春僑
**圖文排版**／楊家齊
**封面設計**／楊廣榕

**出版策劃**／獨立作家
**發 行 人**／宋政坤
**法律顧問**／毛國樑　律師
**製作發行**／秀威資訊科技股份有限公司
地址：114 台北市內湖區瑞光路76巷65號1樓
電話：+886-2-2796-3638　傳真：+886-2-2796-1377
服務信箱：service@showwe.com.tw
**展售門市**／國家書店【松江門市】
地址：104 台北市中山區松江路209號1樓
電話：+886-2-2518-0207　傳真：+886-2-2518-0778
**網路訂購**／秀威網路書店：https://store.showwe.tw
國家網路書店：https://www.govbooks.com.tw

**出版日期**／2018年1月　BOD一版　**定價**／220元

獨立作家 Independent Author

**寫自己的故事，唱自己的歌**

版權所有・翻印必究　Printed in Taiwan　本書如有缺頁、破損或裝訂錯誤，請寄回更換
Copyright © 2018 by Showwe Information Co., Ltd.All Rights Reserved

警長的壓箱寶：從現代警界執法看《孫子兵法》 /
鄒濬智編著, 謝宜峯審訂. -- 一版. -- 臺北市：
獨立作家, 2018.01
面； 公分. -- (Do科學；13)
BOD版
ISBN 978-986-94308-7-6(平裝)

1. 孫子兵法 2. 研究考訂 3. 警政

575.8 106021954

國家圖書館出版品預行編目

# 讀者回函卡

感謝您購買本書，為提升服務品質，請填妥以下資料，將讀者回函卡直接寄回或傳真本公司，收到您的寶貴意見後，我們會收藏記錄及檢討，謝謝！如您需要了解本公司最新出版書目、購書優惠或企劃活動，歡迎您上網查詢或下載相關資料：http:// www.showwe.com.tw

您購買的書名：________________________________

出生日期：________年________月________日

學歷：□高中(含)以下　□大專　□研究所(含)以上

職業：□製造業　□金融業　□資訊業　□軍警　□傳播業　□自由業
　　　□服務業　□公務員　□教職　□學生　□家管　□其它____

購書地點：□網路書店　□實體書店　□書展　□郵購　□贈閱　□其他

您從何得知本書的消息？

□網路書店　□實體書店　□網路搜尋　□電子報　□書訊　□雜誌
□傳播媒體　□親友推薦　□網站推薦　□部落格　□其他________

您對本書的評價：（請填代號　1.非常滿意　2.滿意　3.尚可　4.再改進）

封面設計____　版面編排____　內容____　文／譯筆____　價格____

讀完書後您覺得：

□很有收穫　□有收穫　□收穫不多　□沒收穫

對我們的建議：________________________________

________________________________

________________________________

________________________________

請貼
郵票

11466
台北市內湖區瑞光路 76 巷 65 號 1 樓
**獨立作家讀者服務部** 收

(請沿線對折寄回，謝謝！)

姓　　名：＿＿＿＿＿＿＿＿　年齡：＿＿＿＿　性別：□女　□男

郵遞區號：□□□□□

地　　址：＿＿＿＿＿＿＿＿＿＿＿＿＿＿＿＿

聯絡電話：(日)＿＿＿＿＿＿＿＿ (夜)＿＿＿＿＿＿＿＿

E-mail：＿＿＿＿＿＿＿＿＿＿＿＿＿＿＿＿